王万才脱贫日记选

习近平总书记在中央扶贫开发工作会议上"确保到2020年所有贫困地区和贫困人口一道迈入全面小康社会"的庄严承诺,向全党全国人民吹响了脱贫攻坚的冲锋号。

中共唐河县委宣传部
唐河县扶贫开发办公室 编

中州古籍出版社
·郑州·

图书在版编目（CIP）数据

王万才脱贫日记选 / 中共唐河县委宣传部, 唐河县扶贫开发办公室编 . -- 郑州：中州古籍出版社, 2019.4
ISBN 978-7-5348-8610-2

Ⅰ.①王… Ⅱ.①中…②唐… Ⅲ.①扶贫—概况—中国 Ⅳ.① F126

中国版本图书馆 CIP 数据核字 (2019) 第 072304 号

王万才脱贫日记选

中共唐河县委宣传部　唐河县扶贫开发办公室　编

责任编辑：刘春龙　李祖哲
责任校对：刘　佳
出版发行：中州古籍出版社
地　　址：郑州市郑东新区祥盛街 27 号
邮　　编：450002
发行单位：新华书店
承印单位：河南大美印刷有限公司

开　本：890mm×1240mm　1/32
印　张：6 印张
字　数：120 千字
印　数：4000 册
印刷时间：2019 年 4 月第 1 次版　2019 年 7 月第 1 次印刷

定价：26.00 元
图书若有印装质量问题，由承印厂负责调换。

王万才脱贫日记选

扶贫先扶志　扶贫必扶智

（序）

　　唐地长河千帆过，平畴沃野万民悦。

　　在豫西南唐河流域，贫困亘古尚存，脱贫驰而不息，这个有着3万多贫困人口的非贫困县，始终在脱贫攻坚主战场上栉风沐雨、砥砺前行。

　　一路风雨一路歌。可以说，在唐河2512平方公里上演绎的当代脱贫故事，浓缩着中国乃至人类史无前例的减贫史，印证着党中央的坚强领导、科学决策，见证着近9000万中国共产党人和人民群众同呼吸共命运的初心使命，体现着全国各族人民万众一心、众志成城，决战脱贫攻坚、决胜全面小康的雄心壮志，彰显着习近平新时代中国特色社会主义思想的伟大实践力量。

　　扶贫永不止步，脱贫曙光在前。

　　唐河作为传统农业大县、人口大县和革命老区县，全县22个乡镇街道有90个贫困村，建档立卡贫困户15317户、32758人，2017年年底仍有12838户、25655人尚未脱贫。贫困人口较多、脱贫攻坚任务较重是唐河县面临的现实状况。

　　压力越大，动能越足。2015年以来，面对全县贫困人口

王万才脱贫日记选

基于基数较大、贫困程度较深、非贫困县享受扶持政策较少的现实状况，唐河县不等不靠、主动作为，以脱贫攻坚统揽经济社会发展全局，走出了一条非贫困县自力更生、精准扶贫的新路子："三聚四保"织密脱贫保障网、实施第六次医疗报销等创新实践在南阳市交流推广；创作的全省首部大型现代扶贫曲剧《春风化雨》在全市公演，赢得了社会各界的充分肯定和广泛赞誉。唐河县克服困难、倾力投入。连续出台了教育资助、社会救助、健康扶贫、危房改造、"志智双扶"等22项扶贫政策，整合各类资金近10亿元，实现了粮仓扶贫、到户增收、教育资助、医疗保障等"十个全覆盖"，彰显了"应保尽保、普惠民生"的"为民情怀"。唐河县全党动员、尽锐出战。县四大班子以上率下、各尽其责，5000多名党员干部联村包户，扎根一线，构建和形成了县乡村组四级联动、合力攻坚、聚焦聚效、决战决胜的脱贫攻坚生动格局，圆满完成了各项年度目标任务，仅2017年就把6000多名贫困群众扶上了脱贫路，为到2020年全面建成小康社会奠定了坚实基础。

习近平总书记强调：扶贫先扶志，扶贫必扶智。精准脱贫，关键在人。随着脱贫攻坚进入深水区，一些贫困群众"抱守等靠要、散失精气神"，脱贫的"精神之钙"明显不足。于是，智随志走、"志智双扶"，从根本上消除"精神贫困"成为决胜脱贫攻坚必须啃下的"硬骨头"。

王万才脱贫日记选

　　浇树浇根，扶贫扶心。唐河县精准施策，靶向发力，充分激发贫困群众主体意识，增强脱贫致富内生动力，全县涌现出了一批"志智双扶"的"脱贫之星"，城郊乡王庄村村民王万才就是其中的典型代表。

　　王万才今年54岁，妻子体弱多病，儿子智障身残，一家三口人仅靠6亩多地为生，家庭收入少，生活十分困难，于2016年年初被识别为贫困户。近两年来，在各级党员干部的悉心帮扶下，在老王自身的不懈努力下，于2017年11月顺利实现脱贫。王万才1980年初中毕业后在家务农，虽然生活艰苦，但老王勤学善思，笔耕不辍，酷爱舞文弄墨、斟诗酌词，是村里有名的"秀才"。他闲了写几段短文就上粗茶淡饭，累了来几篇诗词饮进清羹薄酒，还起网名"老树西风"在网络上与网友切磋交流。他撰写的脱贫日记，记录了其两三年来脱贫心路历程，有对困苦生活的沮丧，有看到希望的欣喜，有获得帮扶的感恩，有感受成就的幸福，从一个贫困户的角度记录了脱贫攻坚的恢宏进程，以质朴的语言写出了贫困户的心声，唱响了新时代主旋律，被新华社、《光明日报》、人民网、新华网、《河南日报》、《南阳日报》等多家中央和省市媒体采访报道。

　　一滴水能够折射出太阳的光辉。正像老王说的那样——到我家的党员干部有很多，虽然我不记得他们的名字，但是

王万才脱贫日记选

我知道他们都是党派来的。《王万才脱贫日记选》虽文字粗浅、不尽完美，但真切质朴、真情流露，具有一定的典型性和代表性，是记载脱贫攻坚伟大成果的鲜活标本。我们将其脱贫日记进行汇编出版，就是想以王万才的事迹为榜样，引导教育更多的贫困群众增强乐观向上的积极心态，增强自主脱贫的坚定信心，通过辛勤的劳动实现致富梦想、创造美好生活。这也正是这本书的现实意义之所在。

既要恬淡的诗和远方，又有现实的谷粒满仓。从"老树西风"到"老树逢春"，从"老树逢春"到"老树繁花"，王万才三改网名的故事记录了他从安于贫困到挑战贫困，从挑战贫困到摆脱贫困的三种心境。如今，老王正式向党组织递交了入党申请书，立下了从"别人帮"到"帮别人"的愿望，而且从贫困户变成了县劳模，还荣获了"2018河南省脱贫攻坚奋进奖"，得到了省委书记王国生的亲切接见和热情鼓励。

衷心希望王万才和尚未脱贫的贫困群众，能够在脱贫的道路上驾千帆驭惊涛骇浪，历万木看繁花似锦！

本书编委会

王万才脱贫日记选

目录

2015 年 2 月 14 日	星期六	农历腊月廿六	001
2015 年 7 月 17 日	星期五	农历六月初二	004
2015 年 8 月 20 日	星期四	农历七月初七	007
2015 年 12 月 22 日	星期二	农历十一月十二 冬至	009
2016 年 1 月 17 日	星期日	农历腊月初八	012
2016 年 2 月 13 日	星期六	农历正月初六	014
2016 年 3 月 10 日	星期四	农历二月初二	017
2016 年 5 月 30 日	星期一	农历四月廿四	019
2016 年 8 月 22 日	星期一	农历七月二十	021
2016 年 11 月 17 日	星期四	农历十月十八	024
2017 年 1 月 27 日	星期五	农历腊月三十 除夕	027
2017 年 2 月 14 日	星期二	农历正月十八	030
2017 年 4 月 21 日	星期五	农历三月廿五	034
2017 年 6 月 21 日	星期三	农历五月廿七 夏至	037
2017 年 7 月 24 日	星期一	农历闰六月初二	040
2017 年 8 月 3 日	星期四	农历闰六月十二	044
2017 年 9 月 16 日	星期六	农历七月廿六	048
2017 年 10 月 2 日	星期一	农历八月十三	051
2017 年 10 月 8 日	星期日	农历八月十九 寒露	054
2017 年 10 月 31 日	星期二	农历九月十二	057
2017 年 11 月 16 日	星期四	农历九月廿八	060
2017 年 12 月 6 日	星期三	农历十月十九	063
2017 年 12 月 16 日	星期六	农历十月廿九	065
2017 年 12 月 22 日	星期五	农历十一月初五 冬至	069
2017 年 12 月 28 日	星期四	农历十一月十一	073

王万才脱贫日记选

2018年1月31日	星期三	农历腊月十五	077
2018年2月1日	星期四	农历腊月十六	082
2018年2月17日	星期六	农历正月初二	085
2018年2月20日	星期二	农历正月初五	086
2018年3月22日	星期四	农历二月初六	088
2018年3月26日	星期一	农历二月初十	090
2018年4月2日	星期一	农历二月十七	093
2018年4月6日	星期五	农历二月廿一	095
2018年4月19日	星期四	农历三月初四	097
2018年4月22日	星期日	农历三月初七	100
2018年4月28日	星期六	农历三月十三	102
2018年5月20日	星期日	农历四月初六	106
2018年6月26日	星期二	农历五月十三	113
2018年8月30日	星期四	农历七月二十	117
2018年10月17日	星期三	农历九月初九	120
2018年10月18日	星期四	农历九月初十	129
2018年11月22日	星期四	农历十月十五	132
2018年11月30日	星期五	农历十月廿三	136
2018年12月3日	星期一	农历十月廿六	141
2019年1月13日	星期日	农历腊月初八	144
2019年1月20日	星期日	农历腊月十五	145
2019年2月1日	星期五	农历腊月廿七	148
2019年2月2日	星期六	农历腊月廿八	151
2019年2月13日	星期三	农历正月初九	159
2019年2月28日	星期四	农历正月廿四	163
2019年3月5日	星期二	农历正月廿九	169
2019年3月10日	星期日	农历二月初四	174
后记			178

王万才脱贫日记选

2015 年 2 月 14 日
星期六
农历腊月廿六

转眼又到年关了,老树(我自称老树)肩上的刀口还没有完全愈合。几天前趁着农闲,我到县医院取出了钉在锁骨上的钢板,为了省钱,就在侄子所在科室的换药房请骨科医生做了手术。没有请麻醉师,只打了一支麻针。老树躺在手术床上,从门后边的镜子里看着医生消毒、割肉、起钉、刮骨,由于手术的部位就在耳边,可以清晰地听见手术刀在皮肉间穿行的轻微沙沙声。说来也怪,整个手术过程也没觉得怎么疼,只是在最后阶段,由于医生没把和钢板连接的肌肉完全切断,在取出

王万才在写脱贫日记

王万才脱贫日记选

钢板时硬是把肉生撕下一块,这下着实让老树体验了一次什么叫切肤之痛。

还是为了省钱,包扎后只在医院观察了约半个小时,老树就乘车回到了家里,按照医生嘱咐,在村里卫生所输了几天液就算完事。

自从开春在城里做装修摔伤之后,对于生活本不富裕的老树来说,家里的处境就更是雪上加霜。虽然工地老板拿出了一些钱,几个工友又给凑了一些,但还是不够支付高昂的医疗费用,自己又花了近万元,好在没落下大的残疾,也算不幸中的万幸了。本来想趁着刚过罢年地里农活不多出去挣些工资补贴家用,这下可好,两年的收成被这场意外的事故给一般撑走了。想想和咱同住一

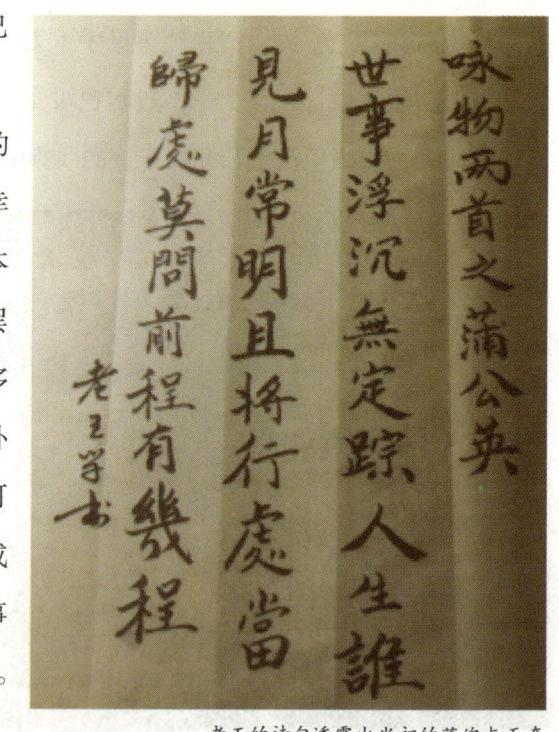

老王的诗句透露出当初的落魄与无奈

个病房的病友，由于人家是国企工作人员，所以各种医疗费用有单位报销。再看看自己，一次住院，不但拼光了两年的血汗钱，还要连累家人吃苦受罪。老伴家里、医院来回跑，一边担心我的身体，怕她不在的时候别人照顾不周；一边还要央人帮助料理家里的农活，还得伺候憨傻的儿子，真是难为她了。

躺在病床上的老树时常在想，啥时候咱农民也能像国家公职人员那样，有灾有病的时候有人管，看病吃药不用自己花钱，老来干不动的时候可以有退休金，自己挣的钱可以自己做主。而不是像现在这样，千辛万苦省吃俭用挣到些钱，到头来一场大病全都捐给了医院。如果手头有些积蓄还不太惨，若是贫困家庭的人摊上大病，那就只有待在家里等死。咱农民真的难呀！

村卫生室的过道里坐着几个一起输液的病友，都是东西村的乡亲，说起生病给家庭造成的压力，每个人心中都有说不完的苦楚。是啊！虽然政府每年都在实行医疗制度改革，农村的医疗条件每年都有所改善，新农合报销比例也在逐年上调，但对于处在社会底层的农民，特别是家有老弱病残人员的农户来说，少得可怜的一点报销无异于杯水车薪。一场大病摧毁一个家庭的悲剧还在不断上演，但愿这种现状能够尽快改观。

王万才脱贫日记选

2015年7月17日
星期五
农历六月初二

讨厌这阴不死阳不活的鬼天气，雨也不雨，晴也不晴，就这样点点滴滴，怎一个烦字了得！

到吃晚饭的时候了，败家的老娘们儿打牌还没回来。傻儿子又不知从哪里弄来那么多碎纸片、烂树叶儿，撒得满院都是。藏在床下边的酒不知又被这娘们儿扔到了哪里！唉！真要命，前天老树卖废品挣了十几块钱才买了瓶酒，还没喝几口这老东西就回来了，怕被她看见又生闲气，慌忙间藏在了床底下，现在咋就没影了呢？我知道，老婆子不让喝酒，一来是心疼花钱，二来是怕我喝醉了闷头睡觉不去干活。可现在是晚上啊！不让我弄两口儿这觉还怎么睡？

也不知道从啥时候开始，老树染上了不喝酒睡不着觉的贱毛病。白天有事忙碌有人说话也还能过，每到晚上，夜深人静的时候，老树总是辗转反侧难以入眠。每当想起自己这个苦命的儿子，瞬间觉得心灰意冷，前途无望。年轻时凭着自己一身蛮力，总认为多挣钱，找到好医院好医生也许能治好他的病，所以，老树也曾很努力地拼命干活，希望能够攒到些钱。怎奈时运不济，命如纸薄。平日里虽出门打几天零工，但只要一领到工资，孩子就开始发病，不是发烧抽搐就是肺部感染，弄得三天两头老往医院跑，每次都是把兜里的钱花光了病情才见好转，然后回家重新打拼，如此过着这般日复日、年复年几乎没有消停的日子。那年县医院新建一栋门诊楼，老树曾指着大楼和老伴调侃："看见了吗？这楼房的一个墙角就是用咱的钱建起来的，你信不信？"老伴一脸无奈，知道我在说笑，却怎么也笑不出来，之后是痛苦的抱怨："为啥咱的命就这么苦呢？这样的日子啥时候是个头啊？"我于是只好自欺欺人般地劝她："别怕，总有一天，随着医学的发达，咱娃的病也许就能治了，咱只要多挣点儿钱，等把孩子的病治好了，咱们的日子就好过了。"直到有一天，一位神经内科的权威专家做出结论："这种病不但无法治疗，随着年龄的增长，这孩子的智力还会越来越差。"不幸，事实验证了专家的话，这孩子现在的智力水平还不如其十几岁时，我和老伴彻底绝望。看着别人家和他同龄的孩子有的已经结婚生子，有的在外打工求学，我和老伴自觉不自觉地就有些自卑和沮丧。不知道有多少次，或参加喜庆宴会，或偶遇亲朋老友，每当别人乘着酒兴，兴高采烈地向别人炫耀自己的孩子如何出人头地、怎样事业有成时，老树总是趁人不注意悄然退下，然后找个没人的地方，以手抱头，向隅而泣。不知道有多少个夜晚，别人家的院子里灯火通明、欢声笑语，我和老伴闷声而坐，相对无言。想想以后的日子，老伴往往

王万才脱贫日记选

忍不住默默流泪,这时候我只有勉强说些宽心的话劝慰:"车到山前必有路,走一步说一步吧!也许说不定啥时候会有转机呢。"可自己心里也没个准底儿,不敢想象未来的结局该怎样收场?慢慢地,老树贪上了饮酒,老伴贪上了打牌,穷日子过一天算两晌,麻醉一会儿是一会儿,有道是"今朝有酒今朝醉,明日愁来明日愁",随他去吧!

掌灯时分,老伴终于回来了,看见她闷闷不乐的样子,知道准是又输了钱。老树也不敢再去追问那半瓶酒的事了,小心翼翼地帮她做好了饭,自己胡乱扒拉几口,喂完了傻儿子,到门外的小卖部赊了瓶酒,然后提溜着到瓜田睡觉去……

虫声阵阵起伏,鬼火团团来去。

三杯老酒下肚,瓜棚卧听风雨。

王万才脱贫日记选

2015 年 8 月 20 日
星期四
农历七月初七

已经是农历七月了,干旱还在持续,暑热依然不退。午后睡在床上热得受不了,我就提溜着一把蒲扇,到村后的老榆树下看蚂蚁上树。

提起这棵老榆树,年龄比我还大,从小时候记事起就经常在树下玩耍。每年春天榆钱儿刚长出来的时候,趁着嫩劲儿,庄上的人们都喜欢撸些回家蒸熟了当饭吃。在过去口粮不足的年代,也着实帮助不少无米下锅的家庭度过了荒春。

如今这棵老榆树早已风光不再,枯燥干裂的树干上分布着各种形状的疤痕,几条残缺不全的老枝僵硬地坚守着自己原来的位置,叶子常年憔悴不堪,庄上的人们现在对这棵老榆树已经不屑一顾。唯有老树,可能是与它同病相怜吧!闲暇无事的时候总爱到树下看上一眼。有次看到在斜阳下惨淡无依的树影,想起以往的情形,不觉心生感慨,遂为它赋诗一首:

繁华已成过往,枝丫印证沧桑。

古道无人问津,瘦影独恋斜阳。

几句吟成,心中酸楚,自称老树的我,眼泪掉下来。

失去繁华的老榆树反倒成了蚂蚁的天堂,不求上进的老树自然成了蚂蚁的粉丝。每次到树下闲坐,都要认真地看看

王万才脱贫日记选

这群在"大榆安国"的可爱生灵又在干啥。今天的景象蔚为壮观,一支庞大的队伍正浩浩荡荡地向树上开拔,大大小小你追我赶,粮草辎重不绝于途。老树猜想,是什么动力驱使它们做出如此大规模的长途跋涉?是预感到天要下雨?是发现了更适合居住的巢穴?或是担心敌国侵犯?老树不得而知。但我相信,它们之所以如此辛苦地奔走,一定是为了追求更加美好的生活和建立更为幸福的家园。

遗憾的是,总有一些蚂蚁在迁徙的道路上落伍掉队,或许是因为老弱病残的缘故吧?它们的步履显得格外艰难,每移动一步,似乎需要比同伴付出更多的体力,并且慢慢地,这些掉队的弱者与行进中的群体的距离越来越远,有些也许是由于灰心,也许是实在没了力气,干脆赖在路边不走了。老树出于同情,很想帮它们一把,可又不知道该怎样出手,不知道它们到底需要什么,目的地在哪儿。

看着看着,老树也有些累了,一转身忽然觉得,老树自己不就是一只掉队的蚂蚁吗?谁来帮我走出泥泞,渡过难关,奔向光明?

朦朦胧胧中,老树恍惚看见,灵光闪现处,似是观音菩萨站立云端,手持净瓶,用柳枝向大地抛洒甘露,那些正在挣扎的蚂蚁得到滋润,重又焕发了生机,它们相互搀扶,重整旗鼓,向着幸福的彼岸,迈步走起。

王万才脱贫日记选

2015年12月22日
星期二
农历十一月十二 冬至

天好冷啊！已经接近中午了，路上的冰还没有融化。我抱着膀子，无精打采地往家走，看来今天是要无功而返了。

一大早，孩儿他姨打来电话说过几天孩子结婚，请我们去喝喜酒。我把喜讯告诉老伴，老伴一脸愁容："去是一定得去，可你总得给人上一份贺礼吧！钱呢？"不提钱还罢，一提钱老树满脸是汗。是啊！钱呢？古人说"一分钱逼死英雄汉"，看来还真不假。想老树半生蹉跎一事无成，到如今混得连一份贺礼钱都拿不出，整天还让老伴跟着操心受累，心中有愧啊！于是我就出去准备借些钱来。转了一圈，求了几个平时自认为交情不错的朋友，可人家一听说要借钱，立马就诉起苦来，听起来处境比我还要困难。唉！都是贫穷惹的祸！我一边往家走一边寻思，要是有什么办法能挣到钱，让我摆脱困境，让家人过上好日子，就是把我卖了也心甘情愿啊！

一进家门，就看见老伴正坐在厨房发愁呢。见我回来忙问："午饭怎么吃？"我说："随便吧！"她说："怎么个随便法？今天过节呢！"才想起原来今天是冬至，按照习俗，家家都吃饺子，只顾着为钱发愁，咋把这茬给忘了呢？

正说话间，村委副主任王书运走进院子，手里还拎着一

王万才脱贫日记选

瓶酒:"万才,包饺子没有?今儿陪老哥喝一杯!"我一头雾水:"上午忙,还没有顾得上包饺子,有啥事,运哥?""你嫂子听说你在到处借钱,料想你也一定没顾上包饺子,这不,非要让我过来看看,还特地恩准我带瓶酒,让咱弟兄俩喝一杯,难得呀!"我连忙请运哥坐下,让老伴到村边小卖部买了速冻饺子。我们老两口一边说着感激的话,一边把饺子下锅盛到碗里。运哥拿两个碗,倒上酒说:"饺子配酒,越吃越有,来,干了!"看到运哥如此爽快,我二话没说,端起酒碗一饮而尽。运哥放下酒碗又从口袋里掏出些钱放在桌上:"这是你嫂子让我给你准备的1000块钱,你看够吗?"我和老伴连声说:"用不了,用不了。""剩下的买些必要的东西,天冷了,生活也不能太艰苦。"我们一边喝着酒,一边说着闲话。谈到我目前的困境,运哥说:"正准备告诉你呢!这次在全国开展的'脱贫攻坚'工作,力度之大,前所未有。上级已批准核定咱村为贫困村,下一步还将在比较困难的农户中筛选甄别一部分收入低的农户作为重点帮扶对象。你的情况我看就比较特殊,闲了你写个申请,我帮你报上去,要相信党和政府的帮扶诚意,这对改变你的处境绝对是一次难得的机遇。"听到如此振奋人心的消息,老树忘了寒冷,不知不觉就有点喝高了,醉眼蒙眬中,听到邻家孩子在念古诗:

"冬至子之半,天心无改移。

一阳初动处,万物未生时。"

是啊!冬至,虽然是"万物未生"的冰封季节,但"一阳初动"绝对是万物生长的重要开端。

王万才脱贫日记选

2016年1月17日
星期日
农历腊月初八

今天是个值得纪念的日子。

一大早村两委一班人在村支书李喜才带领下到我家,告诉我申请帮扶的事已被村支部会议、村两委联席会议及党员大会和村民代表大会讨论通过,确定我家为2016年度王庄村初选贫困户。

怪不得前些日子村干部们三番五次到家里问这问那。我问道:"不就是定个贫困户嘛,用得着这么认真?"老支书告诉我:"这次的脱贫攻坚意义重大,上级要求'精准扶贫'首先要做到'精准识别',指导思想是'真扶贫''扶真贫'。所以村两委的同志们一直在走访调查。你的情况虽说大家有目共睹,但还是要遵照'一进二看三算四比五议六定'的工作程序,现在这几道程序已经走完,你家被正式定为可以享受帮扶政策的贫困户。县扶贫办委派的扶贫工作队马上入驻咱村,并且将指定一位帮扶人一对一进行帮扶。希望你积极配合,好好干,老哥相信你在不久的将来一定能摆脱贫困,过上好日子!"听完支书这番话,老树那个激动啊!原以为上级号召让百姓脱贫不过是喊喊口号、走走过场,看这阵势,还真有点"志在必得"的味道呢!没说的,看人家领导对咱贫困户这么关心,咱怎么也得表示一下吧!于是老树向领导表态:"感谢党和政府还有各级领导对咱贫困户的关心!我一定把握好这次难得的机遇,积极配合,努力工作,争取打一个漂亮的翻身仗!"

老支书临走又向我交代:"村支部永远是咱贫困户的坚强后盾,在脱贫的过程中无论遇到什么困难,随时都可以向我们反映,村支部、村委和扶贫工作队一定积极帮你解决,你尽管放下包袱,振奋精神,好好干吧!哥在脱贫的路上陪你。"老支书的一番话让我虽在数九寒天却能感觉到暖意融融。老树相信,春天真的快要来了!

王万才脱贫日记选

2016年2月13日
星期六
农历正月初六

　　俗话说:"三天戏,五天年,过了破五就算完。"今天是初六,是各行各业开市的日子。老树无市可开,酒足饭饱后,斜靠路边墙角,看人来车往,听犬吠鸡鸣。

　　一辆灰色小汽车缓缓停在门口,一位穿着大方、举止文雅的女士含笑下车向大家问好。"快起来,有客人。"邻家嫂子向我挤眼。"我去!我的客人都是骑自行车的主,哪有开小汽车的?一定是问路的!"我一边和嫂子戏谑,一边抬头打量来人。"是王万才家吗?"还真是找我的。我连忙起身:"是是,我就是王万才,请问您是……""我叫郭有霞,上级安排我来对你家进行结对帮扶,以后咱就是一家人了!"前天村干部通知说对我帮扶的责任人是县直工委的副书记,原想一个县上领导定然是体态丰盈、派头十足的官府老爷,没承想竟是一位说话爽快、动作敏捷的翩翩女侠。我知道这是改变老树命运的贵人到了,连忙握手表示欢迎,并招呼老伴给客人倒茶。郭书记非常得体地劝阻了老伴,并和我们一起到屋里坐下。当我就家中垃圾遍地向郭书记表示歉意时,她淡然一笑:"特殊情况嘛!可以理解。"接着就找了个凳子坐下问长问短,了解家庭状况,查找致贫原因,探索发展途径。

当我说起家庭生活的各种不幸和诸多难题,已令我心力交瘁、不堪重负时,郭书记的话语重心长:"老王哥,要想摆脱贫困,你这个状态不行啊!必须要振奋精神、鼓足干劲。你的困境我可以理解,但我相信,通过努力改变贫困面貌还是大有希望的,一定要有信心。咱们今天就从收拾你的小家开始吧!"说话间,郭书记撸起袖子,操起扫帚就开始打扫起来。看见这阵势,老树一时手足无措,还是老伴反应敏捷,也赶紧掂起拖把擦起了地板。看到屋里屋外到处都是空酒瓶子,郭书记笑了:"老王哥,俗话说小酌怡情,豪饮伤身,酒这东西不是不能喝,但咱以后少喝点儿行吗?"老树一时被感动,连声说行!

经过我们三人的一番打扫,原来乱得像狗窝一样的破家居然也还像模像样。我忽然发现,原来老树也可以有一个如此整洁可爱的家啊!

之后,郭书记又坐下来和我一同谋划发展生产。当听说我家仅种6亩地且年复一年种植低效益作物时,她劝我如有可能的话再向别人转租几亩以便扩大种植规模,并建议发展高效农业,还许诺尽量为我争取政府补贴。郭书记给我算了一笔账:"如果改善种植结构,比如改单一种植为间作套种,改低效单作为高效轮作,这些都是经过检验的成熟的种植模式,只要你积极投入,精心管理,相信一年时间就能改变面貌。"听着郭书记

王万才脱贫日记选

描绘的切实可行的脱贫蓝图,我和老伴不觉眼前一亮,心中豁然开朗。

转眼到了中午,老伴拉着郭书记的手,非要请她留下吃顿便饭,郭书记婉言谢过并说:"我们工作队已在村部安营扎寨,吃住都已经安排妥当。以后有什么事可直接打电话或到村部找我,希望咱们好好合作,早日打赢这场改变命运的脱贫攻坚战,让你和所有贫困家庭早日过上幸福富足的生活。"

晚上,一场春雨如期而至。老树抱膝独坐,听着窗外淅沥的雨声,想着田间正在返青的麦苗和园中含苞待放的花枝,不觉吟唱起老杜的诗句:

好雨知时节, 当春乃发生。

随风潜入夜, 润物细无声。

……

王万才脱贫日记选

2016年3月10日
星期四
农历二月初二

二月二,龙抬头。刚下过一场春雨,村中新修的宽敞且又平坦的水泥路面还泛着水光。这是政府支持的第一笔扶贫资金结出的果实。历尽泥泞之苦、饱受坎坷之痛的村民们每有闲暇总喜欢三三两两站在路边,如欣赏风景般看着路上过往的大小车辆,脸上洋溢着灿烂的笑。

人们分享着今天的欢喜,时不时也提起往日的心酸。

关于这条只有两公里的村主干道所发生的故事,有笑料,有悲戚,有无奈,有叹息。

十几年前,村里王炳文娶妻,新娘怀抱鲜花身穿礼服满怀欢喜坐着轿车从桐柏赶来,车子到达麦仁店后,看着眼前一望无边的泥潭,司机死活也不往前走了。无奈之下,新郎从家里开着拖拉机前去迎亲,结果没走到一半,拖拉机又陷入泥中出不来了。新娘性子急,脱去绣鞋挽起裤腿赤脚随新郎跋泥涉水总算没误了入洞房。到现在提起来此事,这位当年的新娘子总是一边说笑,一边骂娘。

一次老队长王金修提着鸡蛋坐着拖拉机进城看望病人,由于道路颠簸,还没上公路就发现篮子里的鸡蛋几乎烂完。病人没看成,自己头上也被车架撞出两个包。

王万才脱贫日记选

还有一次村民王会彬开拖拉机拉着父亲进城赶集,路上老人被甩下车他却全然不知,到公路上才发现爹怎么没了!然后被气喘吁吁追上来的老爹臭骂一通。

去年夏秋两季,仅沙岗东边一处险段就创造出撞毁7辆轿车底盘的"光荣"纪录,被司机朋友和保险公司戏称为"伤心路"。

往事不堪回首,希望就在眼前。扶贫工作开始后,重修村主干道的事首先被提上议事日程。经上级党委、政府协调分拨的筑路款迅速到位,工程施工马上展开。不到一个星期,一条高标准全新道路就通车了。一个又一个农产品收购加工网点在村中落户;一车又一车农副产品从城里直接送到了田间地头;一辆又一辆新买的小汽车开进了农家小院;电商淘宝、农产品网站这些之前闻所未闻的事物也来到身边。

正好,今天又有喜讯传来,作为带动村民脱贫致富的又一产业项目——唐河县袁彦非种植专业合作社正式挂牌开业,这无疑又为村民开启了一条通往梦想的坦途。

一条扶贫路,几多爱民情。

王万才脱贫日记选

2016年5月30日
星期一
农历四月廿四

　　老树因为有时帮村里整理内务，有机会领略了工作队扶贫工作的艰辛和他们忘我工作的奋斗精神。

　　驻村第一书记徐向涛是一个80后小青年，他瘦弱的身材透着一脸稚气。不论是走在村里和乡亲们打招呼还是到贫困户家中走访，他总是表现得谦恭和善，温文尔雅。谁也想不到，就这样一个稚气未脱的"小徐书记"，回到自己的办公桌前，面对几十个队员提出的各种复杂问题，他所表现出来的沉稳老练、指挥若定和处变不惊的工作作风，让所有见识过的人叹为观止。今天刚好又有问题出现，接到群众电话，有人举报某贫困户隐瞒财产收入情况，徐书记放下电话二话没说，驱车直接约见举报人。一个小时后，徐书记回来，说经过调查取证，举报情况属实，并且已做好被举报户的思想工作，现在可以研究把该户从贫困户名单中移除。看，就是这么雷厉风行。难怪村里有位老人感叹："小徐书记笑起来像个孩子，工作起来像个将军，是那种运筹帷幄、决胜千里的大将军！"

　　平时只看到工作队的人三三两两或是到贫困户家中走访，或是到田间了解耕作情况，还真没注意到原来办公室里的工作也是如此繁重复杂。为了更加真实准确了解和反映贫困户的情况，上级对档案填写的要求很高，队员们对待工作也非常认真，一丝不苟。常常因为一字之差而推倒重来，用他们的话说："我们做的每一份档案必须真实可信，不仅要得到群众的认可，也要经得起历史的检验。"

由于村里条件有限，队员们的生活非常艰苦。没有厨师为他们做饭，他们就轮番上阵各显其能。看他们吃饭也是一道不错的风景线，有的吃着夹生的米饭，有的啃着凉透的干馍，有喝稀粥的，有吃泡面的，为节省开支，他们还自己开辟了小菜园。虽说是粗茶淡饭，队员们却吃得津津有味，乐在其中。

队员们的卧室也很简陋，每人一张板床，没有空调，有人甚至连蚊帐都没有。白天顶着大太阳在外边跑，晚上还要忍受蚊子成群结队的偷袭。有队员自嘲："扶贫工作意义大，扶贫队员福利高。白天烈日送温暖，夜里蚊子发红包。只为百姓早脱贫，再苦再累也逍遥。"

看到队员们在如此艰苦的条件下还积极乐观地努力工作，贫困户和附近的村民都很感动，时不时就有人给他们送些瓜果蔬菜表表心意。对此，队员们感到非常欣慰，想到自己的工作被群众认可，他们表示，"值了"！

老树向辛勤工作在扶贫一线的工作队员们致敬！

王万才脱贫日记选

2016 年 8 月 22 日
星期一
农历七月二十

今天老树陪同县委办乔国涛主任到王从善家走访,又一次领略了扶贫干部的风采。

本来陪同领导探望群众应该是村干部的事,老树一介布衣,又是贫困户,怎么着也轮不到咱陪同吧?

可偏偏事有凑巧,乔主任到村里做调研,老树刚从地里回来正好和人在门口闲聊,由于经常见面比较熟络,一不小心就被领导"抓了壮丁"。

唐河县领导现场指导"七改四有"施工情况

"走吧老王!陪我到从善家看看去,十几天没来了,电话也打不通,不知啥情况,万一不在家,你好帮我找找他。"面对乔主任的盛情相邀,老树也不推辞,一屁股坐进车里:"好家伙!领导的轿车比老树的拖拉机坐着舒服多了。"

可惜美景不长,由于刚下过雨,王从善家又住在村东百米外的堰塘边,通往他家的道路有些泥泞,我只能和乔主任下车步行前往,美好的乘车体验无奈结束。

不出乔主任所料,从善这家伙果然不在家。我连问几个人才知道,原来他是到庄上找人推车还没回来。老树这才发现离从善房屋不远的拖拉机上装着满满的一车红薯,看样子是车轮陷入泥中出不来了。

或许是得知领导来访,从善领着几个人匆匆地从庄上奔过来。我们一起动手帮他把车推到高处,从善吩咐侄子把车先开到村边的水泥路上,然后请乔主任到屋里坐。看到乔主任的皮鞋和裤子上在推车时溅了不少泥巴,从善就拿毛巾要给他擦,乔主任摆手:"算了,泥干自掉,咱还是坐下谈谈吧。"

从善向领导说了近段时间的生产和生活情况,表示对今秋丰收充满信心。乔主任又看了圈里的肥猪和在水中嬉戏的鹅鸭,鼓励他说:"只要有信心,有干劲儿,脱贫致富奔小康的梦想就一定能够实现。"

当乔主任问及还有什么需要解决的问题时,这个一向爽快的大男人突然有些吞吞吐吐起来。在乔主任的一再追问下,他才说出由于自己住在村外搞养殖,连接村主干道的这段土路给自己带来很多不便。村子里家家户户都通了水泥路,希望领导能帮助把路修一下，不求标准多高，只要能走就行。

乔主任笑了："这个问题要搁往日还真不好办，不过巧了，我来时看见政府门前的一段大道正在重修，大量的工程废料经过粉碎还可以利用，我帮你问一下，看能不能拉几车过来。"

说话间，乔主任拨通电话进行联系。事情解决得出乎意料地顺利，十几分钟后，几辆满载碎石的大卡车就开了过来。村民们听说要修路了，纷纷带着工具前来帮忙。也就半晌工夫，一条坑洼难行的泥泞路变成了风雨无阻的石子路。乡亲们交口称赞为民众办实事的领导，乔主任含笑上车悄然离开。

望着渐渐远去的一路烟尘，王从善，这位刚直不屈的五尺汉子，禁不住泪眼模糊，涕泗横流。

王万才脱贫日记选

2016年11月17日
星期四
农历十月十八

今天是我和老伴的结婚纪念日,屈指算来,我们在一起已经生活了整整三十年。在别人看来,能够三十年不离不弃坚守在一起,是非常值得羡慕的一件事,但是有谁知道,这三十年我们在一起走过的路有多么不易。

看着当年的结婚照片,我心中五味杂陈,说不清是酸楚还是欢喜。三十年的风霜雪雨,曾经的青春时光已然远去,但是,逝去的是岁月,抹不掉的是记忆,在这特殊的日子里,老伴,我想和你窃窃私语……

想当初,我们素不相识,是月老的一根红绳

老王和老伴在田间耕作

把我们俩人拴在了一起。从此,你义无反顾,死心塌地,为撑起这个小家无私奉献,流汗出力。记得那年的五月初四,打麦场上,突降暴雨,所有的人,措手不及。看着一年的心血被水冲去,你傻傻地站着,呆若木鸡,虽没有捶胸顿足,却在撕心裂肺,痛苦的脸上,流淌着雨水、伴着泪滴。三伏暑天,酷热难敌,别人在树下乘凉,你却早早就下地,头顶烈日,挥汗如雨。一年到头,月月季季,忙不完的秋收春种,忙不完的做饭洗衣。羸弱的身躯,却把家的重担,艰难挑起,烈日晒黑了手臂,苦难压弯了腰脊,但你总是咬牙坚持,从没说过放弃。原指望付出努力必有收获,谁料世事浮沉,难遂人意,可怜的儿子,竟成了残疾。多少个夜晚,你无法入睡,时而辗转反侧,时而忽然坐起,月光洒在窗前,泪水流到心底。你说:"苍天不公,为啥给咱这样待遇?"我说:"这都是命,无法抗拒,既然来了就要面对。"有人劝咱:"养这样的孩子有啥意义?不如狠一狠心,趁早放弃。"你一声不吭,把孩子紧紧抱起,来人被甩在门外,你自己躲进屋里。小猫小狗,尚且怜惜,亲生骨肉,怎舍分离?有人说:"等你们老了,自己的生活都成问题,将来这孩子,会有怎样的结局?"你说:"生在一起,死在一起,实在动不了的时候,就和他一同离去。"一日三餐,你饮水喂饭,三更半夜,你移干就湿,别人养儿为防老,咱养儿回报遥无期。我心灰意冷,你垂头丧气；我借酒浇愁，你不思进取；我只顾近忧，你不敢远虑。只落得田园荒芜，手头拮据，日暮途穷，满脸老气，四面楚歌，难破困局。

春雷一声，震动天地，精准扶贫，春风化雨。村里住进了工作队，咱家里来了郭书记，帮咱出谋又划策，帮咱抹桌又扫地，帮扶措施见成果，关怀的话语暖心底。今年的面貌有改变，咱兜里也有了人民币。老伴的脸上添笑容："咱穷人没有被忘记。"

老树搁笔起身，看窗外月光如水，老伴已安然入睡。看着她微闭的双目和嘴角的笑意，老树猜想，今天晚上，有好梦来袭。

王万才脱贫日记选

2017年1月27日
星期五
农历腊月三十 除夕

"爆竹声中一岁除",又到除夕,忽然觉得,时间过得有点快。

这一年,有点忙,但不觉累;有点短,但很充实。

左邻右舍都在忙着张罗过年,菜刀和案板发出的"梆梆"声此起彼伏。

老张的唱戏机里还是马金凤那段《穆桂英挂帅》:"穆桂英我五十三岁又出征……"

时而有鞭炮声响起,提醒老树该请门神、贴对联了。

老伴从屋里拿出前天在城里买回来的烫金对联让我张贴,我打开一看,够豪华,够阔气!就问老伴:"花了不少钱吧?""那当然,三十几块哩!要搁往年,我才舍不得买呢,今年破例,不是日子好了嘛!"老伴得意地笑着说。

2016年春节老王创作的对联

王万才脱贫日记选

我慢慢地审视着这雄浑有力的金字,默念着全是富贵吉祥内容的对联,总觉着缺少点什么东西,到底缺些啥呢?老树在心里盘算着、嘀咕着。

回想一年前的老树一家,是"吃了上顿没下顿,听了上文没下篇",过年就像过关。按说逢年过节正是亲朋欢聚的日子,可老树每到年底对亲友避之不及。一是怕人家讨债咱没钱还账,二是怕留下不走没钱招待,归根结底只为一个字"穷"啊!

今年的情况发生了根本性的变化。自打扶贫工作队进村入驻,我这个贫困户就被领导们"盯"上了,吊儿郎当、浑浑噩噩的醉鬼日子结束了。扶贫干部三天两头往家跑,不是催你上项目,就是找你谈生产,你不想动,政府推着你也得往脱贫路上走。从资金救助到政策补贴,从精神鼓励到实事帮扶,一桩桩、一件件,每一点进步,每一分收获,都是精准扶贫结出的果实。通过一年的帮扶和自己的努力,今年的收入比去年有了极大的提高,特别是精神面貌更是空前改观。看着置办的年货和帮扶干部送来的慰问品,穿上县委乔主任赠送的新棉袄,虽是数九寒天,老树也觉得春意融融。

"实迷途其未远,觉今是而昨非。"回想过去的穷困处境和一年来的巨大变化,老树终于明白,有一句话压在心底不吐不快,有一份情藏于心间不抒不畅。一时间心潮滚滚,浮想联翩。忽然间灵感生发,吩咐老伴快备纸墨,老树终于找到了着力点,用歪歪扭扭的字迹书写出饱含深情的两副对联——

其一：

和谐普世东风化雨；

精准扶贫老树逢春。

其二：

秋水半瓢邀月饮；

春风十里荷锄归。

想起我的帮扶人郭大侠（县直工委副书记郭有霞）曾经分享给我一首高晓松的歌曲,歌中有句词："生活不止眼前的苟且,还有诗和远方的田野。"

是啊！"秋水半瓢"岂非昨日之苟且？"春风十里"正是心中的远方。

哈哈！老树今年刚好五十三岁,那就趁着这十里春风,向着远方,扬帆起航吧！

王万才脱贫日记选

2017年2月14日
星期二
农历正月十八

年过完了,地里也没啥活儿,老伴随一帮娘们儿进城逛街去了。老树收拾些旧砖头,准备在路边一片空地上砌个花坛,种些花草。

对于老伴主动提出让我修筑花坛的做法,老树有点吃惊。但仔细想想,也不奇怪,毕竟一年来老伴的变化太大了。过去的老树娘子,就像一个冒着青烟的火药桶,随时都有爆炸的危险,一天到晚愁眉苦脸,少见笑容。老树整日里战战兢

老王的帮扶人郭有霞接受媒体采访

兢如履薄冰，一不小心就会触犯"天威"而降下祸灾。前年老树在房顶的女墙上养了几盆小花小草，结果没过几天就成了战争的牺牲品，被暴怒的老伴一阵狂摔烂砸而化为垃圾废品。

有时候老伴自己也能感觉到有些过分，可总是控制不了自己。老树网上认识一位"神医"，号称"何半仙"，据说能通晓阴阳之术，能知过去未来。老树就老伴病情向"神医"求助，"神医"说："你家这位恐怕是得了更年期综合征。"老树问"神医"："听说人家更年期三五年就过去了，病情也没那么厉害，我家这位咋就过不去呢？""神医"的回答让我差点儿晕倒："你家这位嘛，可能是属于加长版的吧！"我问到什么时候能好转，"何半仙"表情深沉："这个就要看天意了。"

天无绝人之路，终于有一天，"天使"降临了。

装饰一新的老王家

去年的正月初六，县直工委副书记郭有霞以帮扶责任人的身份正式走进我家进入我的生活。自打那天郭书记操起扫帚拖把帮我打扫卫生开

王万才脱贫日记选

始,一向邋里邋遢、丢东落西的老伴就开始学着整理内务了。这种改变意义重大,老树趁热打铁,每次都不失时机地给予鼓励。再加上经过郭书记劝诫,老树基本上戒掉了酗酒和懒惰的恶习,这无疑也让她感到开心。每次郭书记来家谈完工作后,总喜欢坐会儿拉些家长里短,发现她的优点就大加赞扬,看到不足就积极帮助。说来也怪,同样的一句话,同样的一条建议,老树说出来总是被她不屑一顾,但若从郭书记口中说出,老伴必言听计从,立即照办。也许是说话的方式不同,也许是人格魅力的作用,总之一来二去,郭书记就成了老伴心中的明星偶像。郭书记穿什么颜色衣服,提什么款式的包包,都是老伴的关注焦点,甚至有次被郭书记穿的一身素色的连衣裙所倾倒,硬要老树带她到超市购买,无奈身材体型悬殊太大才善罢甘休。

"榜样的力量是无穷的。"郭书记开朗的性格、优雅的举止和文明的生活方式潜移默化地影响着老伴。不知不觉间,老伴的性格真的发生了改变,笑脸多了,说话也没那么冲了,看问题也没那么固执了。"战争"的阴云渐渐地从我家屋顶飘走了!

一阵叽叽喳喳的说笑声告诉我这群逛街的娘们儿回来了。我转身看去,一包包、一件件的东西正从车上往下卸。看我站着没动,老伴咋呼道:"站着干吗?快来接东西。"我走近车子接过一个沉甸甸的纸箱,问道:"啥东西这么沉?"老伴道:"你打开看看不就知道了。"老树打开纸箱,原来是一盆玫瑰花儿,正含苞待放呢。侄媳妇取笑道:"今天是情人节,我婶儿等着你给送花呢,结果没等着,就自己买了一盆。"一句话引来大家又一阵哄笑,老树连忙表示:"我买单!我买单!"

王万才脱贫日记选

2017年4月21日
星期五
农历三月廿五

虽说谷雨节气刚过,天气已经显得有些闷热了,吃过午饭,人们习惯聚集在树荫下乘凉聊天。"眼镜哥"赶着羊群从家里出来,好像无视这头顶的烈日和树下的清凉,一路吆喝着向北岗走去。

邻家二婶唠叨着发出感叹:"真是太阳从西边出来了,过去连油瓶倒了都懒得扶的人,哪儿来恁大的干劲儿,这么早就下地放羊,也不嫌热?"

提起这位"眼镜哥",可是咱村里有名的人物。说他有名,是因为他占了两个全村之最:一是学历最高,"文革"前"老三届"高中生,识文断字、博古通今,几十年来一直是村民心中的文化象征;二是秉性最懒,正如二婶所言,看见油瓶倒了都懒得去扶。凡是了解他的人一般都对一个民间传说深信不疑。哪个传说?就是那个脖子上挂着大饼活活饿死在自家屋里的懒汉故事,大家觉得,故事虽然荒唐可笑,但绝没有夸张,因为故事是有原型的。

也因为有了这两个"之最",在村里一些人心中就形成了一个共识:文化人=懒汉。"文革"时期参与管理学校的贫农代表就公开宣扬:"娃儿们只要会干活就中,读那些破书有啥用？看看'眼镜'就知道了，咱不能叫娃儿们都当怕下力的二流子。"其后果就是一大批文盲应运而生，知识和有文化在村里一度成为贬义词。

因为懒所以穷，这在靠种地为生的农村几乎是一条铁打的定律。房子漏了，找块塑料布盖上将就一下，衣服破了正好通风，凉快！正如曲儿里所唱："绿树偏宜屋角遮，青山正补墙头缺。"最可笑的是，有一年他眼镜坏了没钱修，就自己找根绳子绑啊绑，愣是又戴了半年。

"穷则思变"，为了改善处境，"眼镜哥"也曾绞尽脑汁施展"法术"，在一大堆《奇门遁甲》《阴阳八卦》《风水地理》中寻找办法。有句行话叫"穷改门，富挪坟"，挪祖坟花销太大玩不起，那就改门吧！三年之内改了两次，结果越改越破越改越穷。

也是"眼镜哥"时来运转，2015年年底，扶贫工作在村中全面展开。他家被纳入2016年度贫困户初选名单，政府派专人结对帮扶，村两委经常进行督促指导，帮他找项目谋发展，市县乡主要领导也曾登门看望慰问。党和政府工作人员的"轮番进攻"，终于使"眼镜哥"大彻大悟，茅塞顿开，认识到只有靠劳动才能致富，才是人间正道，想过好日子就得一改过去慵懒的坏习惯。老党员袁泽富以自己养殖业的专长建议他："先买些羊慢慢发展，只要努力经营，相信一年之内就能

王万才脱贫日记选

改变面貌",并承诺"愿把自己多年来积累的养羊技术毫无保留地奉献出来"。一番话让"眼镜哥"看到了希望,增添了信心。

说干就干,在袁泽富的指导下,"眼镜哥"筹借资金1万余元从外地买回优质母羊十几只开始放养,起早贪黑、风雨无阻。袁泽富每隔几天总要过来看看,啥时候需要防疫,哪些病有哪些症状,什么病用什么药,袁泽富把这些"养羊秘籍"手把手对他进行传授,唯恐出现什么差错造成损失。

一分辛劳一分收获,六个月后,两只母羊顺利生下了四只小羊羔。看着这些可爱的羊宝宝,"眼镜哥"脸上露出从未有过的欢欣。从此以后,每隔不久总会有羊宝宝诞生。"队伍"在不断壮大,欢乐正与日俱增,作为结对帮扶人,县公安局领导张宏还为他申请了到户增收项目补贴。"眼镜哥"表示,准备再建一处羊舍,扩大养殖规模,力争早日脱贫。

转眼间一年过去了,如今的"眼镜哥"早已不是旧日模样,不但修好了房子,还购置了电动车、电视机、电冰箱等"高档"家具,当然,还配了一副新眼镜。

这正是:
浪子回头金不换,光棍收心饿死狗。
你看而今"眼镜哥",脱贫路上高歌奏。

王万才脱贫日记选

2017年6月21日
星期三
农历五月廿七 夏至

今天是个喜庆的日子,老树种的西瓜开园了。

吃过早饭,我和前来帮工的几位乡邻开着拖拉机向瓜田进发。黑皮儿(老树家的小狗)跟着拖拉机奔跑,一会儿车前,一会儿车后,尽情地撒欢儿。

"来吧!先尝尝今年的瓜味道咋样!"老伴从地里抱出两个西瓜,满脸欢喜地招呼着急于干活的乡邻。

"咦!真不错,还是沙瓤的呢!"看着刚刚切开的黑籽红瓤瓜,众人咽着口水,有些急不可待了。

"你这是啥品种?味道这么好。"隔壁老李问我。

"这是乔主任专门从农业局帮俺弄的新品种,叫啥来着?"老伴迷糊着俩眼儿看着老树。

"科帮88,瞧你那烂记性,天天念叨,咋又忘了?"老树笑着训斥道。

老伴一边美美地吃着瓜,一边得意地向众人炫耀:"多亏了人家这些领导,从育苗到移栽还有管理,一直都在帮咱操心。今年的西瓜长这么好,全都是人家从县上请来的专家给咱指导,掰着手教出来的,以前谁懂得种瓜还有恁多道道儿?"

山哥是个老瓜匠,他蹚着瓜秧转了一圈儿,然后煞有介

王万才脱贫日记选

事地掐着指头:"从坐果数量和西瓜个头来看,一亩地产量不会低于五千斤,按现在价格每斤六毛算,五六三千,你这六亩西瓜就是一万八,就等着数钱吧!"

一笔账算得我和老伴心花怒放。老树明白,没有党和政府的精准施策、积极帮扶,老树哪能种出这么好的果实?过去,老树也种过瓜,地里的草长得能撺出狼来,好不容易结几个瓜蛋吧,个个深藏不露,找瓜比寻宝都难。看着今年的丰收场面,老树打心底感叹:"这丰收,有来头!"

经过一阵大汗淋漓的忙碌,又大又圆的西瓜已经装了满满好几车,闻讯赶来的瓜贩已经迎接到了田头。看着车上个头均匀、品质优越的西瓜,几个瓜贩争着订购,看来销路已不成问题。

在村里过完地磅,帮瓜贩装好车,数着手中红通通的票子,听着人民币发出的奇妙声响,一向以"安贫"自诩的老树也动了心了,毕竟谁不想过好日子?谁跟钱有仇啊?所谓"安贫"不过是懒惰的借口,

老王种的西瓜喜获丰收

不思进取的遮羞布罢了!

　　钱数完了,瓜也拉走了,老伴突然惊叫:"坏了!咋就忘了留几个送给扶贫工作队的领导们尝尝鲜哪?人家为咱贫困户那么辛苦。"

　　"留着呢。" 老树得意地掀开拖拉机座舱,狡诡地笑着让老伴看。看着座舱里几个精心挑选出来的大瓜,老伴两只小眼睛又一次眯成了一道缝。

王万才脱贫日记选

2017 年 7 月 24 日
星期一
农历闰六月初二

今天老树带老伴上医院做体检,享受医疗帮扶给咱带来的健康红利。

老树的三轮车沿着平坦的公路匀速行驶,十几分钟就到了城郊医院门前。好家伙!这么多人和车,连个空位都没有。老树在交警同志的帮助下总算在一个角落里把车停放好,然后进入医院,排号待诊。

俗话说:"河里没鱼市上看,到处没有聚处多。" 在诊室就诊的大都是老弱病残的贫困户。虽然都是贫困户,但在大家脸上根本看不到痛苦的表情,因为大家都清楚,凭自己手里这个小本本,无论是检查还是取药,几乎都不用花钱。

这些贫困户大都是东西村南北邻,相互比较熟悉,一有空闲就又拉起家常说着闲话。有位胖大嫂感叹:"如今这医院真好,不仅给咱免费看病,而且检查又拿药,这医院哪儿来的钱呢?" 大嫂子的唠叨被一个小护士听到,小护士给大家解释:"阿姨说得对,俺这小医院说啥也拿不出这么多钱来给大家免费看病。这些钱都是县财政拨款政府买单,目的就是怕咱贫困户缺钱看不起病,更不愿花钱做体检,过去有多少病人就因为没钱进医院治疗,结果小病养成大病,等到病情

王万才脱贫日记选

严重时往往到了晚期成了不治之症。现在好了,贫困户中的慢性病人都有一个小本本,这样来看病基本上不用自己花钱了,说实在话,我们这些当护士的还羡慕你们这些贫困户呢。"一句话说得大家哄堂大笑。

说话间该到老树和老伴就诊了。医生给我们测了血压并做了必要的检查,取到常用的药物后,准备离开。

刚到大门口,正碰上刘洼村的张三。张三是老树之前的酒友,和老树一个德行,都是嗜酒如命的主儿,没挣到钱反落下一身病痛。听说也被评为贫困户,估计也是看病来了。闲话几句后,老树试探道:"一年多没见了,要不办完事咱再找个馆子喝两杯去?"那家伙连连摆手:"不喝了不喝了,我

签约医生冒雪为贫困户送药

王万才脱贫日记选

已戒酒一年多了。酒这东西太伤身体,以后日子好过了,得好好关注健康保重身体,争取多活几年好好享受生活。"当听说老树也已戒酒时,他不禁感叹:"这一年的变化太大了,想想以前咱都过的啥日子,再看看今天,政府能想到的都帮咱想到了,咱要是不注意身体好好生活,咋对得起人呢?"说完就挥挥手急着到里边排号去了。听他们村的人说,这家伙一有空闲就到工地干活,每月挣不少钱哩。

准备回家时,老伴拿着本本又嘀咕起来:"咱这本上还剩几十块钱呢,再过几天就作废了,要不咱给医生说说,再给

签约医生拄着双拐为贫困户做体检

咱开些药吧,不然就亏了。"老树训斥道:"算了吧!政府的钱就不是钱呐?能省咱也替政府省点儿,这样就能让更多的病人享受到这些福利,你就别光打自己的小算盘了。"老伴自知理亏,连连点头称是。

祝愿天下苍生远离病痛,健康幸福!

王万才脱贫日记选

2017 年 8 月 3 日
星期四
农历闰六月十二

今天又是一个值得纪念的日子。县委常委、县委副书记张富强带领宣传扶贫工作及文广新局一干领导到老树家走访慰问,并对扶贫工作作出指示。

上午 10 点左右,接到县委办郑科长电话,问老树在不在家。我说在呢!"县委张书记要去看你,你在家等着,我们马上就到。"张科长接着说。一听说有大领导要来,老伴第一个

唐河县领导听王万才讲脱贫经

手忙脚乱起来，又是慌着抹桌子，又是慌着擦地板，等到把屋里收拾得差不多了，她吩咐老树："你在家等着吧，我得走了。"说罢一转身溜进邻居家里不肯出来。老树知道这老东西怕见生人，特别是怕见领导，唯恐自己风风火火、毛手毛脚的样子被别人笑话。

不大一会儿，领导的车子就到了。张书记下车走进院子首先向老树问好。"张书记好！"我激动地和领导握手，"这么热的天，领导们辛苦了。"老树极不自然地说着客套的话，然后请领导们到屋里坐。

张书记就像拉家常一样谈论老树的家庭状况和致贫原因，脱贫举措和帮扶成效，并和我一起算收入账，还特别诚恳地

唐河县领导给老王送来书籍

王万才脱贫日记选

向老树征求对脱贫攻坚工作的意见和建议，看到我的精神状态还不错时，张书记鼓励："只有你的积极性调动起来了，脱贫的愿望强烈了，脱贫的步伐才能加快，致富的梦想才能早日实现！"

最让人激动的是这次张书记还给我送来了笔墨纸砚、书法字帖、文学科普及实用技术书籍等慰问品。这事说来话长，由于老树幽居田园，农闲时喜欢舞文弄墨，无非是拈酸文卖假醋自我陶醉自我欣赏。每年春节还喜欢自撰春联，想到什么就写什么。为此还招来不少非议，有人指责老树装穷："我知道你是贫困户，但也不至于穷到连副对联都买不起吧？大过年的还自己写，真抠门儿。"老树哭笑不得，只好感叹："'古调虽自爱，今人多不弹'，无奈何也！"

今年端午节那天，县长周天龙和张书记到我村调研脱贫攻坚工作，对大门口已经晒得发黄的对联产生了兴趣。经过座谈，领导们对老树闲时舞文弄墨的爱好给予肯定，对联内容也得到领导们的赞扬。当老树惭愧地表示字迹太丑时，县长指点道："虽然笔法不错，但一看就知道没临过帖，学书法要想有所成就走得远，就必讲法度必须临帖，这是成功的不二法门。你有这个爱好很好，字帖你就不用买了，改日我送给你，抽出时间好好练，希望你有所进步。"

老树原想领导们这样忙，送我字帖的事也就随便说说，或许回去就忘了。想不到今天不但送来了字帖,还有文房四宝和其他书籍,这对老树来说无疑是雪中送炭的美事儿。

张书记对老树做了一番鼓励后,又对陪同的乡村扶贫干部作出指示:"在给项目、给资金、给政策,全力增加贫困户收入,抓好物质扶贫的基础上,要把文化扶贫作为重要内容。创新方式方法,通过开展公共文化进广场、进社区、进乡村、进农户等活动,把脱贫政策知识、精神文化成果等送到贫困群众身边,进一步丰富贫困户文化生活,让贫困群众实现物质生活与精神生活的共同进步。"说得真好!我想:明年春节再自己写春联就不会再遭人指责、说我抠门了吧?

在送领导们离开时,门外传来了喜庆的鞭炮声。原来,作为美丽乡村建设的一部分,精神扶贫的重要工程——王庄村文化广场今天正式动工兴建,人们欢呼雀跃,共同庆祝这一欢乐的时刻。

愿我们的田园多姿多彩,愿我们的生活充满阳光。

王万才脱贫日记选

2017年9月16日
星期六
农历七月廿六

经过了几天的折腾,终于把厕所改造完毕。铺完最后一块瓷砖,在老伴的催促下,老树轻轻地按下水箱开关,"轰隆隆……"随着一声低沉的咆哮,宣布试水成功。

"成了!"老伴一拍大腿,欢快的笑容就像便池里翻卷的水花儿。

当年美国"阿波罗号"飞船让人类的足迹踏上月球时,宇航员曾发出感慨:"个人一小步,人类一大步!"

老树把使用多年的旱厕改为水冲式,在工程上微不足道,但在提升生活质量上却有划时代的意义。老树总结为:"厕所小工程,人生新台阶!"

扶贫工作开展一年多来,老树的生活不知不觉发生着巨大的变化。从前烟熏火燎的厨房添置了干净便捷无污染的灶具,被老鼠啃得漏洞百出的柴门也换成了崭新的防盗门,出行有三轮,洗澡有热水。餐桌上不再是单纯的红薯稀饭,偶尔也可以鸡鸭鱼肉。如今的老树,食有鱼、出有车。古代的"士"所追求的生活标准也不过如此吧?

从老树的小院走出去,村里的变化就更大了。从前坑洼难行的道路变成了宽畅平坦的通途,臭水坑建成了新广场,危房改造工程让所有的村民住有所居，居有所安。还有就是针对贫困人口设置的诸如最低生活保障、医疗救助、教育补贴等帮扶措施，使一直困扰贫困家庭的难题得到解决。没有了后顾之忧的人们生活不仅变得轻松愉快，而且正努力追求多姿多彩。

隔壁老李用脚丈量着篮球场的面积，正寻找队友，期待着重展当年矫健的身手。

万春哥专心练习着外孙女为他新买的板胡，手法虽显得笨拙，弓弦间飞扬着的却是欢快的音符。

以"犟筋"闻名的春生放出狂言："广场设擂，以棋会友，

昔日臭水塘变身新广场

誓做棋圣。"

可以想象，在不久的将来，小村中，广场上，鲜花盛开，琴韵悠扬。村民们劳作之余，或楸枰对弈，或林间漫步。野老村夫，话桑麻乎月下；帅哥美女，秀恩爱于花前。轻歌曼舞，大妈身姿多富态；你赶我追，小孩滑板有真功。

过惯了穷困日子的老树或可偶尔小资一把，斟一杯小酒，诌几句歪诗，赏月吟风，怡然自乐。

这大概就是传说中的小康生活吧？

老树正闭目得意，只见老伴又一次跑到厕所，像好奇的孩子似的又一次按下水箱开关，就为听那惬意的水声轰鸣。老树一脸苦笑："这老东西！"

孩子们在广场上嬉戏

王万才脱贫日记选

2017 年 10 月 2 日
星期一
农历八月十三

农谚："逢沾不逢沾，八月十二三。"任性的老天爷闭着眼睛只管下雨，已经连续多日没有停歇了，看来今天也没有要停下来的意思。

经验告诉人们，后半月恐怕又要在阴雨中度过了。

老钟头家新建的房屋内聚着几个闲极无聊的村民，雨天没事干，凑在一起侃大山。

房子还没装修，老钟头已经把床铺搬了过来。面对这连绵的秋雨，老人又一次发出感慨："多亏政府帮俺盖了新房，要不然遇上这么大的连阴雨，不知道又要遭多少罪啊！"

老钟头，本名王金钟，也是村里"榜"上有名的贫困户。由于年事已高，加上身有残疾，贫病交困，生活艰难。特别是房屋破漏一直是老人无法治愈的一块心病。每逢天阴下雨，是老人最紧张的日子，往往是锅碗瓢勺齐动员，顾了这边漏那边。被褥衣裳被淋湿那是常事，最让人心疼的是辛辛苦苦收到屋里的粮食往往也被淋湿致使发霉，遇上大雨房屋还有倒塌的危险。

一旦雨过天晴，又是老人最忙碌的时候，要把所有淋湿的东西搬出来晒，粮食、被褥、衣服、家具等等，屋里没有

王万才脱贫日记选

一样干东西，完了还得找人修房子，大修修不起，无非是头疼医头脚疼医脚，看看哪儿漏得很，就找块儿东西补上去。你看他的房坡上，各种防水材料应有尽有：大瓦、小瓦、石棉瓦、木板、铁皮、塑料布，真是五花八门。老人最常说的一句话就是："天不怕，地不怕，就怕漏啊！"

老钟头也曾多次向亲戚朋友提出借钱建房，但由于花费太大，考虑到老人的偿还能力，亲友们大都以种种借口婉言相拒。

终于熬到了2016年的春天，那是个开满鲜花、充满希望的春天。扶贫工作队在村里安营扎寨，扶贫工作也随之全面展开。作为2016年度评定的贫困户之一，老钟头的危房改造问题受到了上级党委和政府的高度重视。县委常委、县委办主任乔国涛亲自督导此事，村支部和村委会干部也积极协调做了很多工作，终于使项目得以落实。工程很快竣工并顺利通过验收，补贴资金按时发放到位。喜迁新居的老钟头逢人便唠叨："想不到我这辈子还能住上这么好的房子，晚上终于可以睡个安稳觉，再大的雨我也不怕了。多亏了党的扶贫政策，这份恩情到死我也不会忘记！"

一千二百多年前，一位忧国忧民的诗圣感叹居无所安，曾写下一首脍炙人口的《茅屋为秋风所破歌》，并以伟大的胸怀描绘出一幅理想蓝图："安得广厦千万间，大庇天下寒士俱欢颜！风雨不动安如山。"想不到千年后的今天，一场伴随着扶贫攻坚的温暖安居工程竟使古圣先贤的梦想得以圆满实现，这不能不说是一个奇迹。

　　门前的广场上，细雨蒙蒙，一群孩子撑着伞在雨中嬉戏。一把把彩伞映衬着一张张笑脸，宛如开在老人心上的花。

王万才脱贫日记选

2017年10月8日
星期日
农历八月十九 寒露

连续一个多月的阴雨把田里下了个一塌糊涂。眼下正是晚花生成熟收获期,面对不肯睁眼的老天,村民们只有望雨兴叹。

有劳力的人家趁着停雨的间隙抓紧抢收,年老体弱的贫困户大多一筹莫展。

灾情煎熬着扶贫工作队领导们的心,刚吃过早饭,作为我村帮扶第一责任人的副乡长涂松森和驻村第一书记徐向涛就带领工作队员进村帮助秋收。涂乡长向老树了解情况,老树问领导:"假期还没结束,你们就上班啊?""灾情就是命令,趁今明两天没雨,能抢收多少就抢收多少,争取把灾害造成的损失降到最低!"

打听到贫困户王书亭家还有花生泡在

驻村工作队帮助贫困户采收花生

地里没出,领导果断决定,立即行动。

在老树的引领下领导们来到地头,涂乡长二话没说,脱了鞋子又脱裤子。怎么回事?大家正在疑惑,才发现人家领导是有备而来,为了干活方便,早已在里边套了个大裤衩子,然后一脚踏入泥泞的田中开始拔起了花生,其他几位也不甘落后,纷纷下地动手干了起来。

谁说从城里下来的干部不会干活?瞧瞧人家那身手、那架势,就是咱专业农民也不过如此吧?老树有心和领导们比试一下,无奈没坚持多久,腰疼的老毛病就犯了,被埋头苦干的领导们甩出老远。

靠近田头的地方泥泞还比较小,越往里走积水越大泥泞越深。几个没有脱鞋的连声叫苦,原本洁净鲜亮的鞋子全部陷入泥中弄得面目全非。大家这时才明白,姜还是老的辣,人家老涂不愧是领导,果然有先见之明,知道早早地把鞋子脱掉,还在衣服里面藏了个大裤衩子。

老涂乡长在直起腰擦汗的间隙,无意间看到小徐书记被甩起的泥浆涂抹得五花六道的脸,忍不住笑着喊大家看。小徐书记见大家笑他,抬头一看,"噗嗤"一声也笑了起来,边笑边说:"光知道笑我,你们的脸上那才叫精彩呢!不信找个水坑照照看,恐怕自己都不认识自己了吧!"于是大家都又弯下腰找水坑当镜子照,结果有人笑得差一点就坐在了泥水中。

  临近中午,书亭家老伴——这位憨厚的大嫂子非要请领导们到家里去吃饭,老涂告诉她:"我们在村部院里自己开着灶呢,估计这会儿陈主任已经把饭做好了吧?要不咱们收工,下午接着干。"

  领导们在地头的水沟里随便洗了手,然后提着鞋子向村部走去。大嫂子站在路边,看看地里一排排摆放整齐的花生,再回头看看满身泥水的扶贫干部,泪水禁不住夺眶而出。

王万才脱贫日记选

2017年10月31日
星期二
农历九月十二

期盼已久的十九大终于开幕了！烦人不浅的连阴雨总算结束了！

网友纷纷吐槽："是党的光辉驱散了乌云，迎来了晴天。"老树有理由相信，这话是真的。

连续几天一直挤时间看大会直播，听习总书记报告。"中国共产党人的初心和使命，就是为中国人民谋幸福，为中华民族谋复兴。""把人民对美好生活的向往作为奋斗目标，依靠人民创造历史伟业。""把人民利益摆在至高无上的地位。""确保党始终同人民想在一起、干在一起。"习总书

王万才脱贫日记选

记报告中这些朴实无华却又掷地有声的话语句句振聋发聩、直抵人心！且不说会议内容如何高大上，单是会场气氛就足以让人震撼，一个六十多岁的国家领导，三个多小时的工作报告，全程站立无休息，甚至没喝一口水；全场几千个党代表的席位上，没有茶水饮料，没有鲜花果品，代表们个个正襟危坐，全神贯注，无交头接耳，无勾肩搭背。看着会场里的这群人，老树不觉又想起古人的一副对联："有志者事竟成破釜沉舟百二秦关终属楚；苦心人天不负卧薪尝胆三千越甲可吞吴。"有这样一群敢于破釜沉舟、甘于卧薪尝胆的社会精英做引领，老树坚定地相信："中国梦，不是梦！"

  这几千名代表仅仅是这个光荣组织中的一小部分，他们的战友大多默默无闻地坚守在各自的岗位上。由此，老树又想到了奋战在扶贫战线的一群党员和干部，大领导咱就不说了，就说眼前的吧：有发誓王庄村不脱贫就决不结婚的驻村第一书记徐向涛；有满头银发骑着电瓶车为村民四处奔走的村支书李喜才；有一边照顾卧病在床的父亲，一边还坚持在扶贫一线辛苦奔波的郭有霞；有穿着短裤赤脚上阵满身泥水为贫困户抢收花生的涂松森；有为完善扶贫档案给贫困户解决难题而放弃上台领奖的洪涛……更有为推进整村脱贫积极认岗义务帮扶的全村党员。有这样一群勇于无私奉献、能够团结一心的基层战士打头阵，老树真心地觉得："这日子，有盼头!"

"中国共产党是世界上最大的政党,大党就要有大党的样子。"习近平总书记同中外记者见面时的这句话,语重心长,耐人寻味。

电视里正在播放习总书记带领大家重温入党誓词:"我志愿加入中国共产党……" 老树不是党员,却也情不自禁地举起了右手握起了拳头。老伴看着笑了:"想入党啊?那还不容易,给郭书记说一声,把你拉进去不就行了。"老树正色道:"真是不知天高地厚的娘们儿,你以为那是微信群呐,手指一动,想拉谁就拉谁,这组织,神圣着呢!"

晚上,老树做了个梦:蔚蓝的天空下飘扬着一面鲜红的旗帜,镰刀和锤子的图案泛着金色的光,一群伟岸的身影在旗帜的引领下奔走在神州大地上,老树追着赶着,努力要成为这先进队伍中的一员。

王万才脱贫日记选

2017年11月16日
星期四
农历九月廿八

今天干了一件大事!

经过深思熟虑,终于下定决心,向村支部递交了入党申请书。开弓没有回头箭,从今天开始,向党看齐,为党尽力,不忘初心,牢记使命,自律自省,谨言慎行,多干好事,为党争光!切记!切记!

就把我写的"入党申请书"当成今天的日记吧!

入党申请书

我志愿加入中国共产党,不为追求时尚,不是心血来潮,为的是完成尘封已久的夙愿,对自己内心有个交代。

通过改革开放近40年的亲身经历,我看到了我们国家发生的变化,这变化在以前是不可想象的。政治、经济、民生、外交都在朝着大发展的道路上飞速迈进。这一切成果无不得益于党的正确领导和广大党员干部的共同努力。特别是党的十八大以来,党中央强力反腐、改善民生的举措更是得到了民众的极大支持和赞扬。十九大报告中习近平总书记关于新时代中国特色社会主义思想的精辟论述、对党员"不忘初心,牢记使命"的谆谆教诲、"为中国人民谋幸福,为中华民族谋复兴"的庄严承诺,使我对中国共产党又有了更深入的认识。十九大会议上，习总书记连续3个多小时作报告，全程站立，不喝水不休息，全神贯注，从容镇定。那份对伟大事业的责任感和使命感令人叹服。几千名代表的席位上，无鲜花水果，无茶水饮料，代表们正襟危坐，目不斜视。"有志者事竟成破釜沉舟百二秦关终属楚；苦心人天不负卧薪尝胆三千越甲可吞吴！"胸怀大志者必然无敌于天下！我作为普通群众观看十九大直播，对党中央、对党肃然起敬。

唐河千帆过，前头万木春。在一年多的脱贫历程中，我更是得到了来自党和政府的极大的关爱和帮扶。党和政府正把一个个像我一样生活艰难、情绪低落的贫困人口帮扶成物质生活富足、精神状态饱满的正常人。也是在这次伟大的脱贫攻坚中，让我近距离接触到一大批党员干部和普通党员。他们忘我工作、积极付出、勇于担当的作风和正直朴实、悲悯友爱、和善可亲的品格和作风极大的感染了我。党在我心中的形象从过去单一的伟大、光荣、正确又增加了可爱、可敬、可亲，让我从内心里觉得，能与这样的人一起奋斗，必然是一件无比光荣和非常快乐的事。

关于理想和信念，我一直坚定党的最高纲领——共产主义是人类的终极目标。并且随着经济的发展、科技的进步、制度的建设，这看似远大的目标就像朝阳跃出了地平线一样变得越来越清晰，越来越接近。习近平总书记关于道路自信和第二个

王万才脱贫日记选

百年目标的描述,为我们实现这一最高理想指明了方向。我坚信共产主义一定会实现!

  我志愿加入中国共产党,就是不想置身局外,不愿坐享其成,而是愿以老迈之躯和这群人一道在实现梦想的道路上出些力,流点儿汗,对自己内心是个安慰,让自己境界有所提高,也不至辜负这伟大的时代。谢谢!

申请人:王万才
2017 年 11 月 16 日

王万才脱贫日记选

2017年12月6日
星期三
农历十月十九

经老树提交书面申请，驻村工作队入户算账，并对家庭生活环境进行评估，已确认我家达到了脱贫标准。这就是说，经过两年的帮扶和自己的努力，我家终于可以去掉头上这顶"贫困户"的帽子了。工作队领导们表示，材料还将上报乡政府审批，通过后还要发放脱贫光荣证书。并承诺根据国家扶贫政策规定，在脱贫攻坚期内，保证继续享受相关扶贫政策。

大喜的日子，应该有酒，只可惜老树戒了。

大喜的日子，岂能无诗？那就整两句吧——

脱贫后笑逐颜开的老王两口

王万才脱贫日记选

　　　　　浣溪沙·写在脱贫日

　　　　　人过中年心气凉，

　　　　　秋来春去鬓已霜，

　　　　　此生无奈且匆忙。

　　　　　精准扶贫结硕果，

　　　　　勤劳致富谱华章，

　　　　　清风一缕入诗行。

　　简短六行，写尽老树的"前世今生"。为扶贫工作点赞！为老树加油！

王万才脱贫日记选

2017年12月16日
星期六
农历十月廿九

感谢新上任的驻村第一书记王琛帮老树卖掉了粉条,压在我和老伴心上的一块石头终于被放下。

由于今年秋天阴雨天气太多,老树种的几亩红薯没能及时挖出和销售,等到天气放晴,红薯早已长变了形,个个裂牙半嗤、笑容可掬。所有收购红薯的商贩看了都直摇头,没人敢要,没办法,只好拉到粉厂全部粉碎,然后滤出淀粉,下成粉条,希望把阴雨造成的损失降到最低。

通过连续十几天的粉碎、沉淀、过滤、翻晒,终于把两

驻村工作队和脱贫户合影

王万才脱贫日记选

万多斤奇形怪状的红薯制成了干净洁白的淀粉,之后又加工成了粉条。可紧接着,一道难关又横在了面前:这么多的粉条如何卖得出去?这下又让我和老伴作了大难。

要知道咱都是老实巴交的庄稼汉,干活卖力气不在话下,可让咱去做销售,还真是"赶鸭子上架"。记得前年冬天,老树用三轮车拉着几十捆粉条到县城去卖,跑遍了大街小巷,费了九牛二虎之力,结果是一捆也没卖出去。面对着城里人狐疑的目光,无论你怎么解释、怎么保证,人家都没法相信你卖的粉条是真的。那时候老树曾暗自发誓,以后就是把红薯烂掉扔了也再不做粉条了,这卖粉条太难了。后来,幸亏遇到了一个好人,一家名为"金点子传媒"的公司老板不忍见老树作难,遂心生怜悯,把那几十捆粉条全部买下给公司的员工发了福利,才让老树渡过了难关,勉强有脸回村。感谢这家广告公司的老板!

不是我"好了伤疤忘了痛",今年又弄了这么多粉条,实在是别无选择,因为今年老树面临着脱贫的巨大压力,这压力不是别人给的,而是老树自己给的。这要是在过去,以老树的懒散性格,这堆受了水灾的红薯我才懒得去倒腾它们呢!有人要的话无论多便宜也就卖了,没人要也许就真的烂掉了也不在乎,过去也干过把整块地的红薯烂在地里不往家收的事。可今年情况有所不同,老树已经下了决心,放出狠话,为了对政府和帮扶人有所交代，老树今年一定要脱贫。但能否脱贫，不是一句空话就行了，得让家庭收入指标说了算，所以，在秋收的最后关头，这堆形状怪异的烂红薯就成了提高今年人均纯收入指标的重要砝码，一定要让它们发挥作用。于是老树才不辞劳苦、不嫌麻烦、孤注一掷地把这几亩红薯全部做成了淀粉、下成了粉条。

听说老树对销售粉条有顾虑，新上任的驻村第一书记王琛和将要离职的第一书记徐向涛一起到我家商议此事。王书记询问了以往的销售价格和粉条的数量后，当即承诺，只要能保证粉条的质量，他负责帮我全部销售，一句话让我和老伴吃上了定心丸，再不为卖粉条发愁了。

城郊乡党委张瑞良书记和政府郭立林乡长听说老树为卖粉条发愁，也多方联络寻找销路，二位领导还问我：村里还有多少贫困户家的粉条没卖出去？又借机就红薯种植销售和深加工如何作为产业带动群众脱贫问题专门在我村组织召开了专题研讨会。会上，张书记耐心细致地向老树和有种植、加工经验的村民征求意见，还就如何做大做强红薯产业说了自己的看法，又向我们介绍了外乡镇一些产业带动脱贫的成功案例。我们听后很受鼓舞。张书记要求：一定要让小小的红薯在2018年全村整村脱贫中做出应有的贡献。

在王琛书记的积极协调帮助下，老树今天把一大车粉条全

王万才脱贫日记选

部销售完毕。看着王琛书记送来的一沓崭新的人民币,老伴脸上笑开了花,一边一遍遍地胡乱数钱,一边吩咐老树:"赶紧打听打听,谁家的地还往外转让,咱再弄几亩,明年都种上红薯,争取明年卖更多的粉条。" 没等老伴说完,老树的腰忽然一阵阵酸痛,腰虽然痛,心里却也美滋滋的。

王万才脱贫日记选

2017 年 12 月 22 日
星期五
农历十一月初五 冬至

又到冬至。

也许是命中注定，今天是一个值得纪念的日子，老树从驻村工作队那里领到了脱贫光荣证书，标志着老树正式脱贫。

虽然脱贫的事儿已商议多日，从老树主动申请到工作队和帮扶人入户算账，包括对生产生活各项指标的检查评估，确认老树已从两年前的"一贫如洗"达到了今天的"两不愁三保障"，脱贫，早已是近阶段谈论最多的话题，但今天拿到证书，无疑是老树脱贫历程中的一个重要节点，所以，值得纪念。

一张小小的证书背后，隐含着多少刻骨铭心的记忆和翻天覆地的变化，这些记忆和变化，有时候想想分明就在昨天，有时候又觉得恍惚如同隔世。

村里正在为贫困户实施"七改四有"工程，看着焕然一新的庭院和政府赠予的新家具，让人瞬间感受到生活的美好。

美好的生活充满自信，自信让生活更加美好。

记得乡党委张瑞良书记在村里指导"七改四有"工作时说过一段话："脱贫首先要有自信，一身新衣服可以让一个人充满自信，一个整洁的庭院可以让一个家庭充满自信，由小

王万才脱贫日记选

见大,一个村、一个乡,如果人人充满自信地生活和工作,实现脱贫和全面小康就不是什么难事。"

老树对这段话深信不疑。

总结两年来的脱贫经历,"自信"二字一直发挥着重要作用。从前的日子里,由于贫困导致了不自信,又由于不自信加剧了贫困,如此恶性循环,使老树一直深陷贫困而不能自拔。正是由于党和政府的及时帮扶,才让几乎绝望的老树找回了自信。随着帮扶的进展和处境的改善,老树的自信也一天天增强了。有了自信,就有了精神,有了精神,就有了财富,也就有了今天的脱贫。

厨房里,老伴正一边哼着小曲儿,一边包着饺子。看见

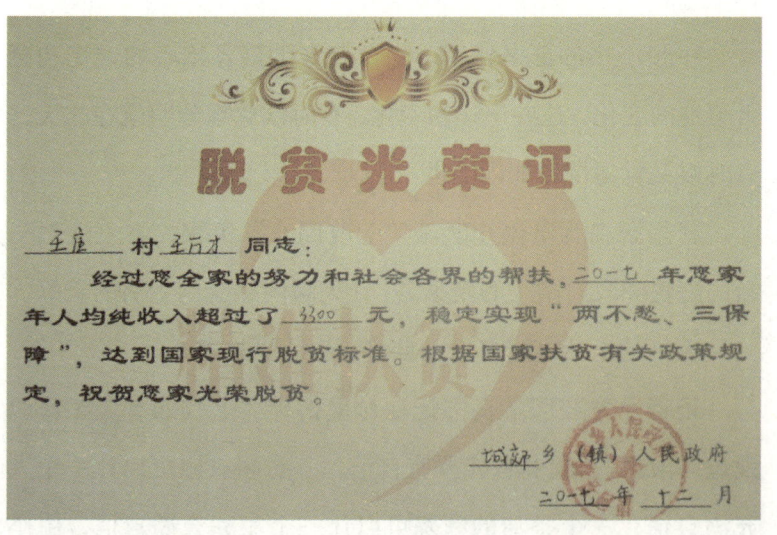

老王领到了脱贫光荣证

老树回来,非让尝尝馅儿的味道如何?老树尝了一口:"嗯!还真不错!"听到赞扬,老伴更得意了,一转身从柜子里拿出酒来:"今天是个好日子,好日子不能没有酒,一会儿你打个电话,让咱运哥也过来,你们弟兄两个再喝一杯。"老树知道,这老东西一定是又想起了前年冬至的那顿"饺子配酒",不禁感叹道:"真是世事难料啊!才两年时间,看看咱家的变化,就像做梦一样,有时候甚至不敢相信这是真的。"老伴若有所思:"要不是赶上了好的扶贫政策,就凭你那酒迷瞪,想过今天的好日子,才真叫做梦呢!"

晚上,一弯新月照耀着广场,人们忘记了冬日的寒冷,

实施"七改四有"后的老王家

王万才脱贫日记选

纷纷走出家门聚在一起,大人聊天,儿童嬉戏,尽情享受美丽乡村的幸福与和谐,共同憧憬伟大中国的光荣和梦想。

王万才脱贫日记选

2017 年 12 月 28 日
星期四
农历十一月十一

"从今夜开始,小村将告别黑暗!"这是老树今晚发的微信朋友圈。因为就在刚才,新安装在村内广场上和马路边的路灯亮了。

在这行文字的下面,还配发了老树用手机拍摄的一张图片,虽然黑乎乎一片不见色彩,但图上的几个小白点却非常抢眼,因为它点亮了老树和村民心中那盏"千年等一回"的希望之灯。

几盏小小的路灯,勾起老树心中许多感慨。和大多数动物一样,人具有趋光性,"黑夜给了我黑色的眼睛,我却用它寻找光明"! 光明,是人类灵魂的永恒追求。

然而,在漫漫的人类历史进程中,黑暗却一直伴随着人们的生活。从燧人氏钻木取火开始,探寻光明的步伐一刻也没有停歇,"夸父追日"的传说,更是给这种追求和向往赋予了浪漫和坚毅。

时光的镜头从遥远的上古回到现代,也就在几十年前,老树儿时的记忆中,就有对于光明的无限热爱与渴求。有一幅图画历历在目:低矮的土坯房中,靠墙架着一辆纺车,妈妈盘腿坐在用高粱叶编织的蒲团上,右手摇动纺车,左手指间的棉花捻子随着手臂向后移动而吐出一根细长的白线,然后右手稍作回旋又继续转动,那根白线就随着左手上扬和下放乖乖地绕到了锭子上的线穗(就是线团)上。妈妈不停地重复着这样的动作,纺车不停地转动、回旋,再转动、再回旋。线穗在纺车的锭子上越绕越大,到最后像极了一只白白胖胖的大萝卜。接着妈妈就把它卸下来,小心翼翼地放入用秫秸编制的小箱里,然后继续纺线。妈妈的纺车边上,点燃着一支比萤火稍亮一点儿的灯,那是用从高粱秆上剥下的篾条串起几个蓖麻籽制成的照明工具。蓖麻籽慢慢燃烧,偶尔会发出"哔哔啵啵"的声响。老树搬一个小凳子坐在妈妈身边,在妈妈浅吟低唱的歌谣中和蓖麻籽昏暗摇曳的灯影里度过了贫穷而又快乐的童年。

后来,老树上学读书了,照明的工具也从蓖麻籽灯升级为自制的煤油灯。这种灯制作非常简单:用一个小玻璃瓶子,在瓶子的铁盖中间砸一个孔,然后用薄铁皮卷成一个细管插入孔中,铁管中间穿入棉线制成的灯捻,一支煤油灯就制作成功了。和微弱昏暗的蓖麻籽灯相比,煤油灯最大的优点就是亮度可以调节。不过,在那个物资匮乏的年代里,一毛多钱一斤的煤油在乡下也算是奢侈品,所以,总是光亮的时候少,昏暗的时候多。黄豆大小的微弱灯光,陪伴着老树少年时期的读书生活,从连环画到故事会,从《西游记》到《水浒传》,

从近代百年到东周列国，从领袖语录到唐诗宋词，小小的煤油灯开启了老树认识世界的一扇扇窗口。

还有一种被百姓称为"夜壶灯"的照明工具在老树的记忆中堪称"高大上"。那时候乡下都没通电，电灯只是个传说中的东西。每逢有剧团来村里演出，村干部就会把老头们夜里小便用的夜壶借来一个（大点儿的舞台需要两个），里面灌上煤油或者柴油，再在夜壶嘴上塞一把破被套，用洋火（火柴）一点，小村马上亮堂起来。夜风吹着挂在舞台边上的夜壶左右摇摆，演员脸上的油彩在忽明忽暗的灯光照耀下光鲜亮丽。台上上演着一个个动人的故事，台下观众全神贯注，沉浸其中，一天的疲劳仿佛被忘到了九霄云外。那时候的老树和小伙伴们一致认为，"夜壶灯"也许是乡村夜晚最美的风景。

后来，村里终于通电了，家家户户都用上了电灯。可不知道啥原因，电一到晚上就停，任你怎么拉动开关，电灯总是不亮。人们只好继续点煤油灯或者蜡烛照明，可是等到你睡梦正酣时，电灯却自己亮了。这时候一般可以下床小便了，所以，村民称之为"尿泡灯"。

再后来，随着经济的发展，电力供应更趋于服务民生，终于可以大大方方地在电灯下读书、娱乐、做家务了。这些都得益于40年来改革开放的正确道路选择。没有改革开放，就没有国家的繁荣和民生的改善,就没有今天的一片光明。

如今,伟大的脱贫攻坚运动把人民对美好生活的向往一步步变成现实。在这次脱贫历程中,党和政府投入了极大的关心和帮扶,不仅使众多的贫困人口的生活得到彻底改变,很多家庭已光荣脱贫,还力争让全体人民受益。短短两年时间,村里新修了道路,新建了广场,村部也得到了修缮,饮水安全得以提升,园林绿化和环境整治让村容村貌更上一层楼,过去的贫困村,如今已然呈现美丽乡村的雏形。

夜深了,游玩的村民都已散去。站立在微风吹拂的广场上,老树心潮难平。佛经上说:"一灯能除千年暗!" 相信小村里这几盏小小的路灯,必将穿透黑夜,照亮历史的星空。

其实,在老树和村民心中,还有一盏更加灿烂、更加明亮的灯在指引着我们前行的路。

王万才脱贫日记选

2018 年 1 月 31 日
星期三
农历腊月十五

今天对于老树来说,是一个颇具纪念意义的日子,《南阳日报》以整版篇幅刊登了《"老树西风"的脱贫日记》。虽然还没有见到报纸,但从网络上朋友们的转发和点赞势头来看,我这几篇蹩脚文章还算得到了大家的认可,一向以淡定自诩的老树也没把持住心血上扬,美美得意了一番。

从年轻时,老树就有一个梦想:啥时候也能把自己写的东西变成铅字登上报纸杂志,哪怕是火柴盒大小的一块也行啊!但由于一直以来忙于生计,加上自己平时懒于学习和动笔,过去积累的一点少得可怜的零碎知识慢慢地就给拌饭吃了,这份美好的理想也就慢慢地给弄丢了。

虽然后来由于闲极无聊,偶尔在网上和一些"臭味相投"的朋友玩一些比如对联、诗词一类的文字游戏,也确实从中得到了不少乐趣,但那都是凭着兴致去玩,既没有门槛限制,也没有标准要求,乘兴而来,兴尽归去。如果哪天状态好,技能发挥到位,也会收获一两句自以为是的酸文假醋,但也从来没敢尝试着向公共媒体投稿,只要有朋友们点几个赞,大家相互一笑,也就心满意足,飘然若仙了!

让老树重新回归追梦之旅的还是这场如及时雨般滋润万

王万才脱贫日记选

《"老树西风"的脱贫日记》在《南阳日报》整版发表

物的精准扶贫工作。说实话，扶贫刚开始时，老树和村里其他贫困户对脱贫就没抱多大希望，认为无非又像过去有段时间宣传减轻农民负担那样，喊几天口号，贴几条标语，公布几版假账，然后上报一批假数字，最后连宣传公示减轻农民负担的费用也变成了农民负担。结果农民负担越减越重，农民对政府的敌对情绪日益加剧，直到中央下令全面取消农业税，才让农民有了得以喘息的机会。后来种地又有了补贴，形势渐渐好转。不过要让像老树这样既没有生活信心又没有一技之长，整日浑浑噩噩、自甘堕落的一大批贫困人口全部脱贫，谁都不会相信，也不敢相信，毕竟贫困的根扎得太深了。每一个贫困户都有自己的特殊致贫的原因，每一个贫困户都有自己早已习惯了的对付贫困日子的生活方式。一听说要扶贫，首先想到的就是临近过年的时候，政府给你送袋米、送袋面、送床被子，顶多再给你两百块钱，别让你隔在年内也就万事大吉了。还真没想到政府这回竟动了真格，向村里派驻了工作队，每个贫困户指定专职帮扶人，帮扶措施说到做到，又是建房又是修路，医疗救助、教育帮扶、就业培训、到户增收，哪一样花的都是政府的真金白银。咱老农民一没境界二没觉悟，不听口号只认实惠，工作开展不到一年时间，村里面貌已改变不少，贫困户脸上渐渐露出了笑容。这回就连老树这样的顽固"安贫"分子，也重新勾起了挣钱的欲望，

王万才脱贫日记选

并且在帮扶人的开导和启发下,渐渐有了脱贫的信心和行动的方向。

让老树重拾文学梦想,真切地看到了诗和远方也许是这次脱贫过程中的意外收获。2017年春节,老树通过一年的接受帮扶和自己的努力,经济生活已见好转,精神状态渐至佳境,在书写春联时一改过去颓靡沉沦的文风,格调张扬地表达了自己对生活的热情和对脱贫取得成效的愉悦。也许是由于和众家八户高雅豪华的烫金大对联所形成的反差太大,老树大门口已晒得发白、寒酸不堪的一副对联引起了到村里督导扶贫工作的县长周天龙、县委副书记张富强的关注。村主任一通电话把正在打点菜园的老树召回,县领导进院又看了我贴在堂屋正门的对联,越发来了兴致,大家你一言我一语就对联内容和书写水平发表议论、看法。老树听到的多是鼓励的语言,周县长表示要送我几幅字帖让我好好练字,张书记详细询问了书写对联的动机和想法,当听到老树说起对这次脱贫攻坚

唐河县城郊乡文化中心主任方利向媒体介绍老王的对联

的认识和有意对自己的脱贫历程留下印记时，二位领导高度重视，吩咐随行的郑立森科长记下老树的联系方式。没过几天，郑科长通过微信问我平时写没写过日记，并让我把以前写的几篇发过去看看。也许是为了给我鼓劲，郑科长对我写的几篇"酸文"大加赞扬，赞扬过后意犹未尽，又打电话继续鼓励，让我就照这个思路写下去，争取多整几篇，不但对自己是个锻炼，如果能写成《"老树西风"的脱贫日记》，并得以发表，对整个扶贫工作的开展都会产生积极的影响。郑科长还给出几条指导性意见，让老树颇感振奋，从那天起，老树的夏日生活就从看蚂蚁上树模式转入写作模式。

再过十几天，农历新年就要到了，回首即将过去的一年，可谓"双喜临门"。前不久老树从村委会领到了脱贫光荣证，宣布了物质上的脱贫，今天，老树的文章终于登上了报纸变成了铅字，实现了年轻时候的文学梦想，这算不算又是一种脱贫呢？

王万才脱贫日记选

2018年2月1日
星期四
农历腊月十六

今天,老树家中迎来了一位重要客人,县委书记李德成在下乡督导脱贫攻坚工作时,来看望了老树,并与老树进行了亲切交谈。这次来访不仅使老树感觉蓬荜生辉,甚至还有些光宗耀祖了,因为,在有据可查的家族历史中,这样的风光绝无仅有。

见到李书记,老树的第一印象是李书记说话爽快、行动利索、不摆官架、待人随和,根本不像一个县委书记。李书记用风趣幽默的语言提出对于扶贫同扶志、扶智相结合的一些看法,指出要想脱贫,首先要把志气立起来,不能自暴自弃、

唐河县领导在老王家调研

王万才脱贫日记选

甘于贫困,自己要有能脱贫还能致富的志气。在志气扶起来之后,还要扶智,让贫困户有能力、有技巧、有致富的方法才能致富。只要贫困户在思想上有坚定信念、有致富的愿望,在党和政府的帮助下就能实现长久脱贫。

李书记还鼓励老树要结合自身脱贫情况,去宣传带动其他贫困户树立生活信心和战胜贫困的决心。还希望老树要在如何调动激发贫困户的内生动力、如何调动贫困户独立自主和自力更生创业方面多向县委、县政府提出好的意见和建议。这是何等的荣耀和信任!谢谢李书记!

想象不出,这样一位看上去和咱普通百姓没什么两样的县委书记有什么特异功能,在短短几年时间里,不但把县城及周边建设得高端大气、风景如画,还能把全县的政治环境、经济

唐河县领导在王庄村调研脱贫攻坚

王万才脱贫日记选

环境、治安环境管理得井井有条；不仅让广大人民群众有获得感、幸福感，同时还有作为唐河人的荣誉感和自豪感。老树认为，作为一个县委书记，能做到这样，不仅要有为官一任造福一方的责任和热情，还需具备高瞻远瞩、运筹帷幄的魄力和能力。虽然，取得这些成绩不是一个人的能力所能完成的，但如同行军打仗一样，主帅的决策对战争的胜负势必起到决定性的作用。为李书记点赞！

王万才脱贫日记选

2018 年 2 月 17 日
星期六
农历正月初二

央视一套今晚播出的节目叫《经典咏流传》，本不看综艺节目的老树却被乡村教师梁俊和山里的孩子小梁深情咏唱的一首小诗瞬间吸引。这首五言小诗是清代诗人袁枚的《苔》："白日不到处，青春恰自来。苔花如米小，也学牡丹开。"这首小诗老树早就读过，但从未细细品味过其中的深切内涵。一个名不见经传的乡村教师却用它勉励山里的孩子，也勉励自己："我们即使拥有的不是很多，但依然可以像牡丹花一样绽放，我们不要小看了自己。"这让老树想到：大千世界芸芸众生，我们每一个平凡弱小的生命其实都是一粒小小的苔花儿，虽然没有牡丹的富丽堂皇和国色天香，但我们一样可以在"白日不到处"的每一个角落里自由绽放，绽放出美丽，绽放出自信。你可以平凡，但你一样可以追求卓越。以此自勉吧！

王万才脱贫日记选

2018 年 2 月 20 日
星期二
农历正月初五

趁着新年，趁着晴天，驱动三轮，老树和老伴带上两个外孙女，到唐河县城走一遭去。

小外孙女彩银喊着叫着要去体育广场，我哄着她说那儿人多车多挤不进去，其实是不想让她们把钱花在蹦蹦床、碰碰车上。我说："咱去湿地公园看风景吧？"孩子们齐声说好，老伴不乐意了，说道："现在花儿也没开，草也没绿，有啥风景可看？恁大个公园跑一圈儿比干一天活都累，不去不去！"老树正没主意，大外孙女佳梦建议："去看规划馆吧！听同学们说，规划馆可好看了，那儿还有图书馆和博物馆。"终于达成一致意见，那就一起看规划馆去。

唐河县规划馆坐落在河西岸的高岗之上，与唐河县行政中心一路之隔。去年的正月十五，老树带着孩子们来这里看过一次水秀表演，那场面壮观极了。今天这里又是车水马龙、游人如织。老树找个地方停好了车，就和老伴拉着两个孩子，随着人流拾级而上，进入了规划馆的展示大厅。

首先映入眼帘的是大厅中央的超级大屏幕，屏幕上正在播放唐河县形象宣传片。唯美大气的画面伴着雄浑激昂的解说，收到了无与伦比的震撼效果，让观众在进入展厅的瞬间就被吸引。老树看到,在这片广袤古老的土地上,有美丽动人的民间传说,有斑驳沧桑的历史遗存,有名垂青史的英雄人物,有璀璨夺目的文采风流,有像河水一样奔腾不息的奋斗脚步,有如古塔一般屹立不倒的人文精神,更有举世瞩目的发展成果和令人神往的前景展望。宣传片赏心悦目、引人入胜,置身展厅,自然就萌发一种作为唐河人的自信与自豪,难怪就连孩子们都会说:"咱唐河真牛啊!"

大厅里三面环绕的观景台下是唐河县城的规划设计立体模型,逼真的制作加上声光电功效烘托,一座颇具现代规模的美丽都市呈现在游人面前。市区高楼林立、道路纵横、绿树繁花、碧水清流,一派生机盎然的景象,人们沉醉其中,流连忘返。小孩们指着桃源深处,辨认着自己家的位置,大人们看着新区蓝图,想象着明天更美的风景,整个展厅洋溢着对生活的热情和对未来的期盼。

从展厅出来,广场中央矗立着的一座高大地标引起了孩子们的兴趣,问我那是什么?我给她们讲:"那是一个'唐'字,就是唐河的'唐'。""也是唐朝的'唐'吗?""对!也是唐朝的'唐'!"孩子们不再追问,看着地标,若有所思。老树猜想,孩子们背诵过不少唐诗,也许在孩子们的眼中,这会儿正看到了一个光耀万邦、流芳千载的盛世大唐呢?

王万才脱贫日记选

2018年3月22日
星期四
农历二月初六

南阳市领导到老王家询问脱贫情况

真是"改天换地"了！一向"门前冷落车马稀"的老树家中，今天又迎来了一位比县委书记级别还高的领导。南阳市委常委、组织部部长吕挺琳来唐河调研时，到老树家了解脱贫攻坚的一些情况。

吕部长询问了老树在过去两年的脱贫过程中受到的帮扶情况和成效。当听说我家已于去年11月份光荣脱贫的消息后，吕部长很高兴，勉励老树要自立自强，撸起袖子加油干，用自己勤劳的双手创造美好的生活。

王万才脱贫日记选

　　吕部长还就老树的日记在《南阳日报》整版发表表示祝贺，认为日记的发表对整个脱贫攻坚工作的开展必将起到积极的作用，吕部长鼓励老树要尽自己所能帮助和影响那些还没有脱贫的家庭早日实现脱贫。

　　送走了这些领导，老树心想，在以前像部长、书记这些只能在电视上见到的高级别领导怎么可能屈身进入农家小院，别说是市县级领导，就是乡政府的一般干部下来也只到村干部家。自从前年春天扶贫工作开展以来，各级领导到基层和贫困户家中走访就成了常态，难怪群众都说，现在的干部都变勤快了，好像每天都在下面跑。况且现在领导下乡往往连村部都还没去，直接就到贫困户家，领导来的次数多了，大家也都熟悉和习惯了，彼此之间客套拘束的话少了，真诚实在的话就多了。百姓有诉求可以直接向上反映，上级有决策也很快被群众理解和接受。干群关系鱼水相欢，政府民众和谐共赢，这应该是脱贫攻坚工作实践中结出的又一丰硕成果。

王万才脱贫日记选

2018年3月26日
星期一
农历二月初十

热心公益的张师傅

美丽乡村离不开美丽乡亲。广场上的漫步机坏了,我们的好邻居张保安张师傅,奉献爱心,义务修复,这种行为值得提倡。老树弄了几句快板,发朋友圈表扬一下:

竹板这么一打呀,

别的咱不夸,

王万才脱贫日记选

夸一夸俺村的张师傅,

　　爱心一大把。

提起张师傅,

　　人人都夸他,

心灵手巧又勤快,

　　技艺顶呱呱。

广场健身器,

　　安装有误差,

东摇西晃站不稳,

　　眼看要趴下。

多亏张师傅,

　　爱心美如花,

焊接加固重安装,

　　质量美美哒。

不为人民币,

　　不为烟酒茶,

只为大家玩得好,

王万才脱贫日记选

开心就行啦。

点赞张师傅,
舍己为大家,
咱人人都学张师傅,
乡村美如画。

快书一小段,
水平有点差,
您要觉得还可以,
那就鼓掌吧!

王万才脱贫日记选

2018 年 4 月 2 日
星期一
农历二月十七

今天又有贵客临门。中州古籍出版社刘春龙老师要为老树出书了!按说这么大的好事儿对于任何一个喜欢文学的人而言都是求之不得的,可当真轮到老树头上,却有点儿高兴不起来,忽然间觉得压力山大。

陪同刘老师前来的还有县委办信息调研室安俊梅主任和几位负责宣传的领导,看得出县委对这件事非常重视,今天请刘老师来就是要探探老树虚实,顺便给些指导。毕竟大家都知道老树写文章是初学乍练,有好多东西还把握不准。刘

中州古籍出版社刘春龙老师(左三)给老树指导日记写作

王万才脱贫日记选

老师结合自己编辑工作的经验,从其他作者成功的例子中给我提出了很多好的建议,我很受启发。印象最深的一句话就是"文贵真",刘老师说:"纵观儒释道及基督、伊斯兰众教,所有宗教教义的精华其实也就三个字'真、善、美',只有真实、真诚、真切才能感动读者,要写自己的真实感受,真情流露就是好文章。"老树听完受益匪浅。

安主任要求老树放下包袱,不要有太多压力,怎么想就怎么写。还有几位老师就文章写作技术层面的一些问题向老树传授心得和经验。

自从老树的几篇脱贫日记在《南阳日报》发表后,受到了不少好评,这次中州古籍出版社为了让日记拥有更多的读者,在社会上造成更广泛的影响,以便更好地为脱贫攻坚的大局服务,便联合唐河县委决定将老树的日记刊印成册出版发行,并将其作为向新中国成立70周年献礼的图书。

王万才脱贫日记选

2018 年 4 月 6 日
星期五
农历二月廿一

今天《光明日报》记者訾谦来访。记不清这是两年来第几次接受媒体采访了,老树只感觉采访者级别越来越高、影响越来越大。

每次媒体来采访都是直奔主题:脱贫攻坚。老树知道,脱贫攻坚是目前全国工作的重点,媒体人的责任便是报道宣传脱贫攻坚进程中出现的典型事例,以此来推动这项工作更快更好地开展。老树感谢在这次脱贫攻坚中受到的帮扶和关爱,也庆幸自己在受到帮扶的同时能以自己的方式对这项工

老王接受新华社记者采访

王万才脱贫日记选

作的开展和推进有所回报和帮助。

  和轰轰烈烈的扶贫大潮相比，老树所做的工作微不足道，但各路媒体的频繁报道却一次次地把老树推到了风口浪尖。当初被本县市媒体报道几次我还只当是好玩儿，随着报道的不断升级，老树渐渐感到了自己肩负的责任和使命，不得不认真考虑自己的行为可能对社会造成的影响。这已经不是单纯的经济上脱贫这么简单，而是要给自己重新定位了。

  知道了自己的言行可能产生的影响，就有必要给自己施加更大的压力，对自己提出更高的要求，更要做到"非礼勿言、非礼勿动"，这对提高自身的境界修养其实是一件好事。

  前不久接受新华社河南分社林嵬副总编采访时，谈及个人修养，老树无意间说了句"人可以有缺陷，但不可有污点"，受到林总编和陪同的张书记还有郑科长等多位领导称赞，称老树说话讲逻辑、有哲理。老树有些得意，看看，一不小心又整出了警句，自赞一个！

王万才脱贫日记选

2018年4月19日
星期四
农历三月初四

今天从银行取出了本月的工资，人民币710元整。

钱虽然不算多，但对于我们这土里刨食的农民来说，每月准时到账的这笔小资金无疑使家庭收入又多了一层保障。

小红本上每月的到账记录清楚显示"工资"二字，这就是说，咱贫困户老王也能像城里人一样按月领工资了。

这是我县为保障贫困户持续增收、稳定脱贫而推行的一项帮扶措施，名字叫作"扶贫公益岗"，安置对象就是像我这样上了年纪又有负担、身体不太好但又有一定劳动能力、出门打工没人要、在家种地收入低的贫困人口。在扶贫上人家县领导就是有办法，专门为我们这些人量身打造了这些工作岗位，让我们抽空给村里做些力所能及的工作，比如管理花木、打扫卫生、宣传政策等，既增加了贫困户的收入，又保证了公共卫生等事业的可持续发展，真是一举多得的好事。

有了我们这些身穿"黄马褂"的乡村保洁员，你会发现，每个村庄都变得干净整洁了，垃圾有人清理，花木有人管护，杂物不再乱放，污水不再横流。不知不觉间，人们的生活习惯也随着环境的变化发生了改变。以前那些乱倒垃圾、乱扔

王万才脱贫日记选

纸屑烟头、随地吐痰等坏毛病也慢慢不见了。看来,过去所有的脏乱差,不是我们村民素质低,而是缺乏有效的引导和带动,毕竟谁都喜欢干净整洁的环境。居住环境好了,人们的心情也好了,不单是我们这些在岗的"黄马褂",每天还有更多的村民自愿加入志愿者行列,义务打扫广场和道路,义务清除花木间的杂草,小村中呈现出一派美丽和谐的田园风光。

以前总以为像老树这样的人已经是废人了,只等着国家给点儿救济款、勉强度日就行了。没想到通过这次安置,不用出去打工,在家门口就能挣到钱,更重要的是这钱是经过劳动所得,用起来比救济款更安心、也更体面。

有了这份不出远门就能挣钱的职业,老伴又在耳边嘀咕:"要不咱再把豆腐锅盘起来吧?政府不是让咱发现产业吗?大的咱干不了,每天做几个豆腐卖卖,也能有些收入,也不会耽误你干别的事,再说真岔不开我也可以干,我也不想就这么闲着。"难得老伴有这进步,还能把磨豆腐说成是发展产业,这都是从郭书记和经常来家的扶贫干部那里学来的"术语"。不过这句话说的倒是实在,因为咱有做豆腐的手艺。记得十年前,老树的豆腐在附近十里八村也是响当当的品牌,只可惜那阵子生意不好做,人们手里普遍缺钱,因为负担不起过多的欠账,老树不得已停业。现在人们的收入提高了,特别是一大批贫困人口的收入有了保障,人们对食品的营养和安全有了更高的要求,相信老树用传统工艺生产的豆腐一定会受到大家的欢迎,也相信通过劳动,老树对美好生活的向往一定能够实现!

王万才脱贫日记选

2018 年 4 月 22 日
星期日
农历三月初七

"这老东西也真是疯了，院子里种了那么多花花草草，今天又去买买买！"老树在向老伴发这些牢骚的同时，语气中流露着几分得意。

也就是近两年的时间，在村里忽然兴起了种花儿热。左邻右舍的婆娘们只要在一起一嘀咕，说哪儿哪儿有好花儿，谁谁买了一盆，如何如何好看，成了！不大一会儿，这些婆娘们就会三五成群弄辆车赶到花市，然后笑容满面地每人抱回一盆，那神态、那表情比买到了最新款式的时装还要开心。

已经记不清老伴这是第几次去逛花市了，反正每次都或多或少买回一些。今天买回来的是两棵招财树，也有人叫它发财树，树干挺拔，枝叶青翠，看着就赏心悦目。我问花了多少钱，老伴说："四十。""这么贵呀！就这两小棵？""才不贵呢！就这还差一点儿没抢到手，你不知道买花儿的人有多少，河西那几家花市，个个都生意兴隆，刚进回来一车花苗，眨眼就卖完了，根本就不叫你讨价还价。"听老伴这口气，倒像是庆幸多亏自己手快才抢到了这两棵宝贝。

对于这个叫"招财树"的东东，老树还是比较喜欢的，满目青翠，四季常绿。只是嫌它名字太俗，一点儿也不含蓄，所以一直没让她买。有时自己想想也感到好笑,觉得自己有点儿虚伪。无论是"招财"还是"发财",其实都是人们的美好愿望,既然你不抵制金钱,那又为什么要鄙视这比较直白的名字呢?内心低俗不堪还要故作清高,不用照镜子就知道,自己就是那个"站着喝酒而又穿长衫的唯一的人"。

以前我相信"江山易改,本性难移""遭泰山轻如芥子,携凡夫难脱红尘"。现在又忽然相信"人是可以改变的"。比如老伴,三年前别说让她掏钱去买花儿,就是我从别人园中弄一棵栽到院里,都会被她视若寇仇,必欲置之死地而后快。想想也能理解,穷困潦倒的日子,你还玩什么风雅?现在不用我动手,老伴一个人就把庭院布置得如花园一般。有时看到她坐在花前凝神发呆的样子,老树心里怦怦乱跳:"我的天!这老东西千万别整出什么诗句来!"

但愿这种改变越来越多。

王万才脱贫日记选

2018 年 4 月 28 日
星期六
农历三月十三

做梦也没有想到，老树居然当劳模了！

证书颁发仪式在县政府礼堂举行。这是我县举办的首届劳动模范和先进工作者表彰大会，用"盛况空前"来形容一点也不过分。老树以"脱贫示范户"身份入选劳模名单，荣幸之余，心中免不了几分惭愧。

随便翻看一下唐河县首届劳动模范和先进工作者名单，差距显而易见，这些奋战在各行各业、各条战线上品德高尚、业绩显著、贡献突出的先进模范人物，犹如一座座高峰，无论老树怎样拔高自己，都没法达到他们的高度，即使踮脚仰视，也难望其项背！

虽然如此，领导们还是把老树推上了领奖台。这不是说老树做了什么了不起的贡献，只能证明领导们对脱贫攻坚这项工作的重视程度。当我从县领导手里接过证书的时候，瞬间感受到了这一纸证书的分量，它承载着对过去两年来政府帮扶工作成效的认可，对老树辛勤劳动、积极脱贫所付出努力的肯定，更是对还没有实现脱贫的贫困人口的激励和鼓舞！

很高兴看到我的帮扶人——县直工委副书记郭有霞也以

王万才脱贫日记选

"先进工作者"的身份走上了领奖台。当郭书记站在台上向观众展示证书和奖章时,台下爆出热烈的掌声。老树一边鼓掌一边在想,如果没有郭书记的认真开导和积极帮扶,老树怎么可能取得今天的荣誉?所以,挂在我胸前的这枚奖章其实应该有一半属于这位让人敬爱的"郭大侠"。

颁奖结束后,老树接受了一个简短的电视采访。当记者问及从一个贫困户变身劳模的感受时,老树深有感触地总结了两点:一、老树所取得的一切成绩首先归功于党的扶贫政策,没有这场精准扶贫就没有老树的今天,所以从某种意义上说,是扶贫帮我找到了春天;二、脱贫离不开自己的勤劳和努力,通过自己的脱贫经历,真正领会了习主席"幸福都是奋斗出来的"这句话的深刻内涵。当记者问起今后的打算时,老树表示,不仅自己要在致富奔小康的路上继续努力,还要尽自己的能力帮助带动身边的贫困群众树立脱贫的决心和信心,鼓足干劲,争取早日脱贫、早日过上幸福和谐的小康生活。

老王的老伴在摆弄花草

王万才脱贫日记选

在接受采访时,老树有幸认识了我县戏曲艺术中心副主任杨泉老师,同为劳模的杨老师也接受了电视采访。通过与杨老师接触,老树从心底惊叹:"人竟然可以这么优秀!"查看杨老师的创作成绩单,可谓硕果累累、异彩纷呈。作为国家级作曲家,杨老师在致力于戏曲音乐唱腔设计方面的同时,又创作了包括戏曲、歌曲、微电影、小品、诗歌等艺术作品60余件,并且有许多作品在国家、省、市各类艺术大赛中获奖。特别是2017年创作的河南省首部以脱贫攻坚为题材的大型戏曲《春风化雨》,作为向党的十九大献礼剧目演出后,更是受到了各级领导和广大人民群众的一致好评。闲聊中,杨老师告诉老树,在创作这部扶贫戏时,剧中有一个角色是按照老树为原型加工而成的,并且在戏剧的高潮阶段推出了老树创作的那副对联。因为在电视上看过这部戏,老树问杨老师:"就是那个蓬头垢面、醉生梦死的酒鬼吧?"杨老师抚掌大笑,然后上下打量着我,慢慢说道:"人是可以改变的!这改变不仅发生在舞台上。"

"舞台小天地,天地大舞台。"五一劳动节快到了,希望全县所有的劳动者在各自的岗位上奋发努力,在全面建成小康社会的广阔舞台上演好属于自己的角色,在建设"强富美高"新唐河的历史长卷上留下自己浓墨重彩的一笔。这是本届劳模、城郊乡一初中班主任、中学高级教师谢瑞勤代表与会劳模和先进工作者向全县劳动者发出的倡议。

唐河,这片古老而又美丽的热土,在县委、县政府的正确领导下,在广大劳动者的辛勤耕耘下,正昂扬向上,焕发着勃勃生机。

今天只是一个起点,老树相信,好戏才刚刚开锣。

王万才脱贫日记选

2018 年 5 月 20 日
星期日
农历四月初六

好消息！被村民亲切地称为"小徐书记"的驻村第一书记徐向涛结婚了！新娘是我们城郊乡党委委员、主管党务工作的领导——朱琳大美女。对于这对奋战在扶贫一线的新人的结合，老树从内心里向他们表示祝福。

老树一直在写脱贫日记，对脱贫工作中出现的每一件事都比较关注。白天从村干部那里听到消息，凭着老树对新闻的敏感度，马上意识到这是一个"党建助脱贫"的生动事例，有心把这件事记下来，又担心缺乏第一手材料，于是微信向我的忘年之师——乡文化中心的方利求助。方老师对我的想法表示支持，并很快分享给我一些有价值的素材。

小徐书记 2016 年年初带领扶贫工作队进驻我村，刚来的时候，村民还不知道"第一书记"是个什么官儿，更不相信这个稚气未脱的娃娃官能给我们这个世代贫困的村子带来改变。徐书记和队友们经过两年的打拼，愣是从这潭死水里引出了活泉：村容村貌发生了根本变化，贫困人口生活状况彻底改观，产业带动和一系列帮扶措施的落地更是让贫困户持续增收、贫困村整村推进成为可能。面对着扶贫工作的这些成绩单，所有的村民无不对这位第一书记刮目相看、心悦诚服。

王万才脱贫日记选

老王当上了县劳模

可是每当领导或群众对小徐书记的工作成绩表示赞扬时,小徐书记总是非常谦虚、也非常认真地说:"单靠我和我们这几个队员,就是累死也不可能有今天的成就,让扶贫工作顺利开展、富有成效的最大动力是党的建设,'党建助扶贫'才是我们脱贫攻坚战役中克敌制胜的利器和法宝。"

小徐书记说,刚来村里开展工作时,没有经验,环境陌生,群众不信任,生活条件差。面对着全村80多个贫困户,致贫原因和家庭状况又各不相同,一时间不知道该怎样下手,才过来不久就想家了,感觉扶贫工作太难做,有时甚至有打退堂鼓的想法。在最悲观最无助的时候,乡党委派朱琳同志作为党务专干协助扶贫工作,在朱琳同志的策划和帮助下,"党

王万才脱贫日记选

建助扶贫"工作首战告捷,不仅使工作队员中党员的积极性得到调动,让大家心往一处想,劲往一处使,还让全村52名基层党员在扶贫工作中积极认岗、踊跃帮扶。这一成功使他精神备受鼓舞,明白自己不是在孤军奋战,而是在党的领导下实施大兵团协同合作,从此有了取得最后胜利的决心和信心。也是从那时起,他对这位美女领导从佩服中渐生爱慕。

"请问徐书记,听村里老支书讲,您曾立下誓言说,王庄村不脱贫,您就不结婚,有这事吗?"

"那是老书记在使用激将法堵我退路呢!不过这句话也不是老书记凭空编造的,记得好像是2016年五一期间吧,由于扶贫工作任务繁重,我们工作队放弃假期在村里值班,妈妈打电话催我回去相亲,我说:'工作太忙走不开。'妈妈生气地说:'每次都说忙,走不开,你要是忙一辈子,就一辈子不结婚了吗?'我推托说:'等王庄脱贫以后再说吧!'当时和我妈通话时老书记在场,通话内容就被老书记做了艺术加工变成了豪言壮语。咱们都在一起相处两年多了,你应该了解我,豪言壮语不是我的风格。再说2016年上半年工作刚开展不久,万事开头难,一大堆麻烦事摆在面前,别说让我立下誓言,说实在话,那时对咱王庄村整体脱贫就没啥信心。"

"再问下徐书记,扶贫工作这样忙,您是怎样挤时间谈恋爱的?还有一个问题,你们是谁主动进攻的?"

王万才脱贫日记选

"哈哈！老王您都什么年龄了？怎么还对这些问题感兴趣？不过，这个我可以接着刚才的话题说，当初刚开展工作时，面对头绪繁杂的诸多事项和形形色色的帮扶对象，我心里一点底气都没有。由于工作不得要领，往往付出了努力却不见成效，这让我非常窝火，是自己不够努力吗？我不知道。自从我们把'抓党建助扶贫'作为指导方针后，特别是在朱琳同志的亲切关怀和密切协作下，全体党员的帮扶积极性调动起来了。由于村中这些党员常年奋战在基层，对农村的家长里短了如指掌，工作起来得心应手，以前许多看起来非常难办的事情在他们的帮助下都迎刃而解，扶贫从开始时的头疼事变成了今天的开心事，我们的感情也就是在扶贫工作中逐渐产生和发展，逐渐开花和结果。"

"再来回答第二个问题，这个有点儿不好意思。通过近两年的相互合作，我对朱琳同志的尊敬和爱慕之情与日俱增，她对我的好我也能感觉得到，但彼此之间还是很含蓄地保持着距离。情人节那天，在妈妈的一再催逼下，我厚着脸皮用微信向她发出早已写好的恋爱申请，结果收到的回复让我一下子凉了半截。我洋洋洒洒数千字的真诚表白，我满腔的热血和一片痴情，结果收到的回复只有简短五个字：'河边凉快去。'说实话，我当时真的跳河的心都有。老妈见我脸色不对，问明情况后，夺过手机，仔细端详，突然，老妈高兴地拍我一掌：'傻儿子！

王万才脱贫日记选

这哪里是回绝,这是请你到河边约会去,快快!妈把玫瑰花都给你备好了,记住,别去晚了,真诚一点。'我恍然大悟,急忙带上鲜花驱车奔向河边。你老王是不是又要问,河边那么多地儿,你咋知道去哪儿?这个不用担心,这叫心有灵犀,不用交代具体地点,凭我多日的留心观察,我知道那地儿准是南泉,结果……果然……然后……嘿嘿……这事儿成了!"

方利告诉老树,朱琳她俩在一个办公室,坐对脸,几乎每天见面,话题也无所不谈,但直到朱琳结婚前一周,她才知道朱琳的对象是徐向涛。当朱琳把婚纱照给方利看时,她一面感叹真是郎才女貌,一面慨叹两个人保密工作真是做得太好啦。方利问朱琳:"向涛啥时候入了你的法眼的?"朱琳不好意思起来,说:"不是入眼啦,就是觉得他怪实在的嘛! 2017 年 5 月扶贫工作全面细化,仅帮扶措施到户到人这一项工作,每个工作组长都各展拳脚,我负责党建促脱贫,每个工作组的帮扶措施都必须检查一遍,全乡 28 个村,有的组长一个格式套下来,省事快捷,有的组长分户手写,稍显繁杂,有的组长反复更换,没有一个能被全乡参照的范本。我到王庄查看档案时,徐向涛的帮扶措施引起我的关注。他没有简单地按格式套,也没有事无巨细地全放进这个材料里,而是很用心地对全村 82 户贫困户分类,每个类别一个模式,数字细致到小数点后两位数,这个帮扶措施后来被我推荐给全乡参考。后来,随着工作量增大,接触多了,发现他是个细心自谦的暖男,中规中矩的老夫子。2017年冬天格外冷,连续几天加班整理档案焦急上火,感冒一直不好,那天市检查组到王庄村,我随检查组入户,装着中药的茶杯忘在村部的桌子上了,转到第四家时向涛跟过来了,我正要跟检查组领导介绍他,他打手势止住了,招手让我过去,我走到他身边,他才从袄襟里拿出还温热着的茶杯,笑着说:'快喝药吧!'还没等我说谢谢呢,他已经转身走了。王庄的智志双扶典型王万才的事迹受到多家媒体关注,河南电视台来入户采访时,老王谈到第一支部书记徐向涛帮他卖西瓜、卖粉条等具体事

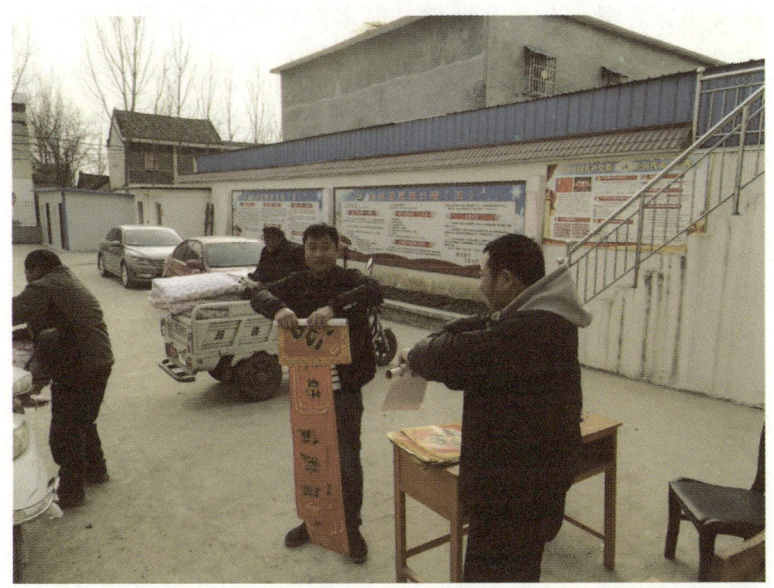

驻村第一书记徐向涛向贫困户发放春联

时,记者问:'谁是徐书记?'屋里院里都找不到他,我走出大门,看见徐向涛正在给老王门口中的新栽树培土,我问他:'记者在找你呢,你倒弄这个?'他说:'多采访老王,我再添两锨土,今年冬天冷,土培得薄了,树会冻死的。'"

真诚朴实的小徐书记就这样成了朱琳心中的白马王子。

徐向涛并不是唐河人,他家在洛阳,通过招考进的县编办,朱琳告诉方利,他们结婚时,向涛的爸爸郑重地跟朱琳妈说:"亲家,这儿子是您的了,他要是惹您生气了,您该打就打,该骂就骂,他要是对琳琳不好,您告诉我,我来收拾他个小子!"朱琳妈对这个女婿咋看咋顺眼,在回门宴上,朱琳妈被女儿、女婿一左一右拥着,前来祝贺的方利让她发表一下感言,这个城郊乡的老工作人员、方利的老同事一脸满足地说:"感谢各位同事前来,感谢扶贫工作给我锻炼出一个这么好的女婿,感谢党培养了我的女儿、女婿!"

祝福这对党的儿女相亲相爱、白头到老!

王万才脱贫日记选

2018年6月26日
星期二
农历五月十三

铿锵的锣鼓伴随着欢快的音乐，一下子就让村中的小广场热闹起来了。听说村里要举行表彰大会，不仅县乡领导要来参加，县戏曲中心的演员还带来了文艺节目。这么好的机会哪能错过，不用喊不用催，男女老幼争先恐后拥向广场。老天爷也凑热闹，用明媚的阳光和三十几度的高温来助推大家的热情。

说起今天的表彰大会，得先说说咱村的"同心超市"（也叫"爱心港湾"），这绝对又是一件新生事物。政府为了激发群众特别是贫困人口艰苦奋斗、脱贫致富的内在动力，培养村民文明尚礼、热爱公益的生活习惯，打造干净整洁、风清气正的乡村人居环境，我县决定创办一批"同心超市"（爱心港湾）。政府鼓励爱心企业和爱心人士捐款捐物，村里安排对在立志脱贫、环境卫生、孝老友邻、热心公益、移风易俗、遵纪守法等方面表现比较好的家庭和个人以积分换礼品的方式给予奖励。作为脱贫攻坚的前沿阵地，县里决定在我村先行试点。不试不知道，一试真有效，由于宣传工作做得好，这种激励模式很快在村中见到效果，特别是在村容村貌、户容户貌整治方面收到的效果最为明显，今天的表彰会就是要对这些表现好的人员给

王万才脱贫日记选

予奖励。

一片掌声中,潘付峰、王炳西、王书友等30个荣获"第一期卫生环保之星"荣誉称号的家庭受到表彰,县委副书记张富强,县委常委、宣传部部长姬欣出席表彰活动,并为评比获奖的家庭颁奖。

姬欣在致辞中指出,脱贫攻坚工作是党中央确定的一项重大战略,既是一项政治建设,也是一项民生工程,更是事关社会公平正义的社会建设工程。脱贫攻坚工作不仅要扶经济、扶文化,更要扶志气,"爱心港湾"出发点就是要志智双扶,既要扶口袋也要扶脑袋,既要让大家经济上宽绰也要让大家更有精气神。他希望,城郊乡在"爱心港湾"建设落实上要积极探

县委常委、宣传部长姬欣出席表彰活动

索,总结经验,弥补不足,为全县"爱心港湾"建设作出有益、成功的样板。

从领导手中接过奖品,在台上领奖的心花怒放,在台下鼓掌的心里痒痒,因为大家都认为,今天的表彰,不仅有实实在在的物品,更有引以自豪的荣誉。

荣获环境卫生一等奖的潘付峰抱着心爱的奖品———台豪华落地电风扇笑得合不拢嘴。这位稍显羸弱的中年汉子由于一场大病,把夫妻二人多年的奋斗成果化为泡影。经过住院治疗,病情虽得到控制,体质却明显下降,出门打工是不行了,在家种地收入又不高,加上上有老人需要照顾、下有孩子需要抚养,生活陷入极度贫困。自从扶贫开展以来,一系列的帮扶政策扎堆滋润,才使他的家庭有了起色。前不久村里又给他安排了一个扶贫公益岗位,主要职责就是对村中几处垃圾池里的垃圾进行清运。潘付峰非常珍惜这份工作,每天不仅把分内的工作及时完成,看到村里村外有垃圾也都义务清扫。对于今天的获奖,他非常得意:"抱着奖励的电扇回家可比我买台电扇抱回家排场多了!今后我还得好好干,争取下次还拿大奖!"

在30个获奖名单之外,特设了一个"进步奖",这个"进步奖"授予了大名鼎鼎的王连荣。他年轻时遭遇婚变,孤家寡人一个的王连荣干脆破罐子破摔,整天东游西荡,除了喝酒啥也不干。自从当上了贫困户,收入增加的同时,脾气也迅即见

王万才脱贫日记选

长,以前没人搭理的日子也不知道是咋过的?现在有人关心了,牢骚话反而更多了,见到帮扶干部横挑鼻子竖挑眼,站着不是坐着歪,就没有一句正经话说,谁也不知道他到底对啥不满意,帮扶人连换好几个,谁都对他没办法,谁都不想接这茬儿。最后,这份光荣而又艰巨的任务就历史性地落在了城郊乡党委书记张瑞良的肩上。面对这块难啃的骨头,张书记可真是下了苦功,每次到村里来都要去看看王连荣又在干啥,并嘱咐"同心超市"管理人员,密切关注王连荣的生活,有进步就赶紧表扬鼓励,口头鼓励的同时,还及时送去超市积分。为提高他的干事热情,张书记甚至不惜封官赐爵。广场新建一座高档厕所,由于离王连荣家比较近,张书记就把打扫厕所卫生的任务交给了他,并封他为所长,没想到这王所长还真能尽职尽责,不但把厕所打扫得干干净净,无论广场还是路边,只要看见有垃圾,他都不会放过。这次能够荣获一个进步奖,王所长高兴,张书记更开心,张书记说:"看到王连荣上台领奖,说实话比我自己得奖都让人高兴,看来咱这同心超市还真管用!"村里人也说:"想不到这一个小小的超市,不但能改变村里的面貌,还能改变人的面貌,政府又给咱村办了一件大好事!"

王万才脱贫日记选

2018 年 8 月 30 日
星期四
农历七月二十

诗曰：

男儿何不带吴钩，收取关山五十州。

请君暂上凌烟阁，若个书生万户侯？

在王庄村文化广场的边上，有一座不算太大的建筑，虽缺少雕梁画栋的豪华和精美，却有着青瓦粉墙的古拙与清新。与广场上的绿树红花相映成趣，细雨蒙蒙中，勾勒出一幅水墨丹青般的诗画田园。

大门上悬挂着一块古色古香的牌匾，"好人馆"三个大字雄浑有力，气势不凡。走进馆内，最为醒目的是东边墙上挂着的一排巨幅照片，照片在背光灯的照射下熠熠生辉。有人民的好公仆焦裕禄，有全心全意为人民服务的雷锋，有脱贫攻坚为群众、呕心沥血勇担当的唐河县扶贫办原主任孙天岭，有用真心换真情、用实干办实事的优秀帮扶人郭有霞，有执法为民、公正廉洁的司法所所长郭永淼，有孝老事亲、大爱无私的道德模范邓曼君，有依靠电商助力村民脱贫致富的"红薯哥"李书强，有奋力脱贫、创业自强的企业人杨雪英，非常荣幸，老树也被当做志智双扶、积极脱贫的榜样位居榜末。看到这些光芒四射

王万才脱贫日记选

好人馆里学好人

的挂像,禁不住就有人惊叹:"这分明就是凌烟阁的节奏啊!"

馆内正面摆放的平板大彩电正在播放专题片《脱贫攻坚的唐河实践》,一件件扶贫成果、一桩桩感人故事、一个个生动形象呈现在观众面前,西边墙上是城郊乡和王庄村志智双扶及整村推进图片展示,图片记录了更多的普通好人为美丽乡村建设所做的努力。整个好人馆给人的印象是既明亮又温暖。

习近平总书记在与少年儿童谈心时强调:"要从小学习做人,世界上最难的事情,就是怎样做人、怎样做一个好人。要做一个好人,就要有品德、有知识、有责任,要坚持品德为先。"

负责策划建馆的城郊乡文化中心主任方利向大家介绍:王庄好人馆的开馆宗旨,就是要宣传道德模范的先进事迹,发挥身边好人的榜样力量，激发崇德向善、见贤思齐的社会正能量，以全国道德模范、省市级道德模范和身边好人为典型，通过图文、影音等形式，展现当代雷锋、时代楷模、道德模范、最美人物、身边好人的先进事迹和崇高精神，激励大家"撸起袖子加油干"，形成"天上不会掉馅饼，努力奋斗才能梦想成真""小康路上一个都不能掉队"的共识，达到振奋精气神，更好地强信心、聚民心、暖人心、筑同心。把更多的正能量传递出去，让更多的人了解我们身边的道德模范和好人们，学习他们优秀的品质和精神，形成人人做好事、人人争当志愿者、争做好人的社会风气！

不禁想起刘春龙老师的一句名言："好事是由一群好人做成的！"想想还真是，俗话说"独木难支、孤掌难鸣"，一个人的能力有限，但大众的力量是无穷的。脱贫攻坚之所以能取得今天的成就，凝聚着无数好人的爱心和汗水。以后我们还要实现致富奔小康的光荣梦想，还有两个一百年奋斗目标的蓝图需要描绘，仍需要全社会的好人协力同心。社会呼唤好人，好人润泽社会。让我们一起努力，争当好人，争做好事！

老树有诗赞曰：

脱贫攻坚战未休，谁将岁月写风流。

余生能进好人馆，羡慕当年万户侯。

王万才脱贫日记选

2018 年 10 月 17 日
星期三
农历九月初九

今天是第五个国家扶贫日，中共河南省委、河南省人民政府在省委礼堂举行 2018 年"河南省脱贫攻坚奖"表彰大会暨先进事迹报告会。老树作为贫困户代表和努力脱贫的典型接受表彰并被安排发言，这无疑又是对我的一次考验。

表彰会开始之前，我和参加此次表彰的 50 多位来自全省脱贫攻坚战线的代表在省委机关大楼接受省领导的亲切接见并与省领导合影留念。和领导合影本是难得的好事，但有件事却让我感到不安，照相时我竟被安排坐在了省委王书记身边。趁书记还没到，我极力在大脑中寻找这样安排的理由：是工作人员的疏忽？似乎不可能。是因为我和书记五百年前是一家？不会吧，和书记一个王字掰不开的本家满大街都是，何况今天来的代表中姓王的至少还有三位，且个个贡献突出、成绩骄人。在和书记握手的瞬间明白了，老树今天代表的不是老树本人，在我的身后还有一大批贫困群众，这样安排所体现的不仅是对我所代表的贫困群体的关怀，更是一种莫大的鼓舞。

之后，王国生书记为我们作了"在脱贫攻坚主战场绽放人生光彩"的主题演讲，王书记说："赶上脱贫攻坚这个时代大主题,大家能亲身参与、见证具有重大历史意义的时刻,是十分光荣和幸运的。河南有一亿人口,脱贫攻坚的任务很重,这项任务在我们手上完成了,就会为全国发展大局作出重要贡献。这是我们义不容辞、必须担当的历史责任。"对于这段话,老树表示非常赞同并有深刻的理解。以前浑浑噩噩的日子里,自己对生命的要求很低,随遇而安,得过且过,社会上发生的一切事情似乎与自己毫无关系。现在不同了,通过这几年的脱贫经历,通过与一大批具有社会责任感的扶贫干部接触,老树认识到个人不可能独立于社会之外,每个人的得失荣辱都与整个社会息息相关,所谓"天下兴亡匹夫有责"。听了王书记的演讲,忽然觉得,我和省委书记之间虽然干的活不一样,但在脱贫攻坚这件事情上却负有相同的历史责任,这大概就叫"使命感"吧?

  颁奖典礼开始了!我和其他十几位荣获"奋进奖"的代表一起列队走上领奖台接受颁奖。当我从省领导手中接过这沉甸甸的荣誉时,再次意识到这不是一纸简单的证书,对于过去,这是一个总结,对于未来,这是一个起点!

  会议进入典型发言阶段,随着几位代表情真意切的讲述,一个个感人的场景、一个个鲜活的形象和一桩桩感人的事迹出现在大家面前:以身殉职的扶贫干部王林昶用生命诠释着作为一名共产党员和人民公仆的奉献精神;"闺女书记"秦倩用拼

王万才脱贫日记选

搏和热情点燃起贫困群众追求幸福、创造幸福的生活热情,奏响了一曲青春无悔的时代强音;爱心企业家徐晓出巨资为贫困山村兴办学校、修建道路,为贫困群众安排就业和资助一大批贫困孩子完成学业的善行义举,显示出新时代企业人以天下为己任的使命与担当。

该老树上场了。我走上讲台,老实巴交地向大家讲述我的脱贫故事,讲述我从颓废绝望到奋发振作的心路历程。有对困苦生活的沮丧,有看到希望的欣喜,有获得帮扶的感恩,有感受成就的幸福。由于我对脱贫攻坚有着发自内心的感激,所以整个发言不用刻意表现,真情自然流露,虽然是满嘴土得掉渣的唐河话却也赢得了一阵又一阵热烈的掌声。

正如省领导总结发言中所说,今天到会的代表和所讲的故事只是全省脱贫攻坚战场的一个缩影。在广袤的中原大地上还有千千万万的扶贫干部仍在默默无闻地奉献,一大批贫困群众还没有脱贫,所以,我们要以今天的会议为起点,以获得的荣誉为动力,振奋精神,努力工作,在脱贫攻坚的中原主战场绽放更加绚烂的人生光彩!

且将发言稿算作今天的日记吧。

老树今天的发言稿

尊敬的各位领导、同志们,大家好!

我叫王万才,是来自唐河县城郊乡王庄村的一个贫困户,

王万才脱贫日记选

一个脱贫户。

中国首个农民丰收节刚刚过去,我是带着丰收的喜悦来参加今天的盛会的,发言之前,有几个丰收的好消息要与大家分享:一是我家已于去年年底光荣脱贫;二是我当上了唐河县首届劳动模范;三是我写的书快出版了。

大家说,这算不算好消息?

今天,站在这领奖台上,我的心情无比激动、非常复杂。谁能相信,今天站在这里的我,与三年前颓废不堪的醉鬼老王竟是同一个人?短短三年,党的脱贫攻坚好政策改变了一个人,找到了一条路,富裕了一个家,让我真正实现了心里有劲,脱贫有路,脸上有光。

三年前,我是村里有名的"酒晕子",整天借酒浇愁、浑浑噩噩、潦倒不堪。导致悲观厌世的原因就是生了一个残疾儿子,经医学鉴定为一级智障,就是咱们俗话说的傻子。孩子小的时候,虽说知道这病不太好治,但我和老伴心中仍抱着一线希望。直到有一天,一位神经内科的专家告诉我,这孩子的智力不但不能恢复正常,随着年龄的增长,还会继续下降。事实证实了医生的话,我和老伴彻底绝望。看着别人家和他同龄的孩子有的已经结婚生子,有的在外打工求学,我和老伴自觉不自觉地就有些自卑和沮丧。不知道有多少次,或参加喜庆宴会,或偶遇亲朋老友,每当别人乘着酒兴,兴

王万才脱贫日记选

高采烈向别人炫耀自己的孩子如何出人头地、怎样事业有成时,我总是趁人不注意悄然退下,然后找个没人的地方,以手抱头,悄悄落泪;不知道有多少个夜晚,别人家的院子里灯火通明、欢声笑语,我和老伴闷声而坐,相对无言。慢慢地,我在苦闷中贪上了饮酒,老伴在无奈中恋上了打牌,穷日子过一天算两晌,麻醉一会儿是一会儿,有道是"今朝有酒今朝醉,明日愁来明日愁",随他去吧!2014年开春穷得快揭不开锅了,我又到工地上去干了两天活儿,结果从脚手架上掉下来,锁骨也断了,肋骨也断了三根,做完手术又住了一段医院,钱没挣着又落下一屁股债。混到这份上我觉得这辈子彻底失败,一点儿翻身的机会都没有了。从那时起,我就抱定了破罐子破摔的念头,指望着哪天一醉不醒,也就彻底解脱了。

也是我时来运转,遇到了真贵人,赶上了新时代。老王命中的真贵人和新时代就是我们亲爱的党和党的扶贫政策。2016年年初,我被认定为贫困户。刚开始我还不当回事,想着也就走走过场,一阵风就完了。后来工作队进村了,帮扶人入户了,帮扶措施落实了。记得帮扶人第一次入户时,看到满屋满院的垃圾和随处乱滚的空酒瓶子,我的帮扶人惊呆了,她难以相信一个人家竟能邋遢到这种地步。可接下来的举动让晕晕乎乎的老王也惊呆了,帮扶人在和我进行了一番推心置腹的交谈后，撸起袖子把我的屋里屋外彻底打扫了一遍。这件事还真让我有点儿措手不及，触动很大。自己心里知道，尽管帮扶人是希望通过打扫卫生来改变我的家庭环境，但无形中却也狠狠地将了我一军。俗话说"人要脸树要皮呀"，想我王万才，也是七尺男儿，也算是读过些诗书、知道点儿廉耻。不指望你治国平天下，你连个小家都撑不起，让人家一个弱女子从城里跑来给你抹桌子扫地，自尊心在哪儿？脸面在哪儿？从那一天起，老王变了，"黎明即起，洒扫庭除"就成了我的生活习惯，也是从那天起，我才又发现原来我的小家也挺可爱。

还是从那天起，老王干活有劲了！工作队又帮我谋划怎样发展、怎样挣钱。2016年春天，我转租6亩土地，第一次尝试种植地膜西瓜，还在瓜地里套种了红薯，经过虚心求教和细心管理，加上当年瓜价比较好，6亩地光西瓜就卖了一万多块钱，这让我一下子就尝到了甜头。乡间有句俗话："有懒人没赖地。"就看你干不干。过去我也种过瓜，由于只顾喝酒，缺少管理，地荒得都能撵出狼来，好不容易结几个瓜蛋儿吧，个个在草丛里深藏不露，到地里找个瓜比寻宝都难。你看，同样的地，同样的作物，干和不干的结果就是不一样。从此以后，我就对种地特别上心，有事没事就往地里跑。说来也怪，过去的酒瘾不知不觉地也给跑没影了，一天到晚想

王万才脱贫日记选

着的就是咋着经营、咋着管理。去年春季我看到花生行情好，我又通过帮扶人向政府申请了到户增收项目，购置了播种机械并采用新技术种了十亩地膜花生，政府派农艺师免费为我们作技术培训。有好政策、好措施、好技术做后盾，我和老伴信心倍增，干起活来格外有劲儿！汗水不会白流，花生喜获丰收。2017年，对老王来说，又是一个硕果累累的年份。

花生卖完后，我坐下来算了一笔账，地里的收入加上各种补贴，再加上公益岗等务工收入，除去投资和其他开支，人均纯收入达到了5800元，远远地超过了脱贫标准，我和老伴商量着，我说："你看啊！咱们有种植收入、公益岗收入，再加上全家低保、残疾人补贴、扶贫粮仓等这些政策保障，特别是慢性病免费诊疗和大病住院六次报销这些措施解除了咱的后顾之忧，咱还怕啥？我看咱完全可以脱贫了，贫困户的帽子戴着也不是那么光彩的。"老伴完全支持我的提议，于是我就第一个向村委和驻村工作队提出了脱贫请求。在我的示范和带动下，我村又有十几户收入比较好的贫困户向村里表达了脱贫意愿。经过工作队的严格核算和评估，确认我们这些户已达到"两不愁、三保障"，收入来源长期稳定，符合脱贫条件。2017年12月，我领到了脱贫光荣证。

在我的一生中，生一个残疾儿子显然是不幸的，但在有生之年欣逢盛世，赶上了精准扶贫的大潮却又是万幸的，相信所有的贫困户都深有同感。脱贫路上，我亲身体验和见证了一个个贫困家庭从绝望无助到振作奋发的转变过程，就想把这些所见所闻所想记下来，让这些宝贵的经历与大家分享，使更多的人了解和认识到脱贫攻坚的伟大意义，于是就写了一些脱贫日记。

说到脱贫日记，我不能不提三改网名的事。我在落魄无奈时曾用网名叫"老树西风"，2017年春节有感于生活好转精神面貌改变更名为"老树逢春"，2017年年底光荣脱贫，返老还童的老王意犹未尽，又把网名改成"老树繁花"。我曾说过："老树还是那棵老树，只是不愿继续在西风中萧瑟，而是要在春天里成长！"没想到的是，无意之间的三改网名，却从一个侧面见证了老树的"前世今生"。

细细想来，从安贫到脱贫，从颓废到振作，分明就是党和政府在帮我，我付出的很少，得到的却很多。所以面对着各种荣誉，我就暗下决心，一定要感党恩，强信心，小康路上大步奔。在接受帮扶的同时，我也更加明白，脱贫离不开自己的勤劳和努力。通过自己的脱贫经历，真正领会到了习近平总书记"幸福都是奋斗出来的"这句话的深刻内涵。有了这样的认识，心中就有了方向，肩上就有了责任，回报社会、带动脱贫就更显得义不容辞。浇树浇根，扶贫扶心。在扶贫工作进入攻坚拔寨的关键时期，针对少数贫困户还存在越扶

王万才脱贫日记选

越懒、不愿脱贫的现象,我们唐河县不失时机地举办了多场"志智双扶"典型事迹报告会,我作为脱贫代表现身说法,让大家明白——虽说我们是贫困户,但贫困户也有尊严,如果我们躺倒不干,人家就会指着我们的脊梁说政府花钱养了一帮懒汉;如果我们躺倒不干,政府即使给再多的钱也不能让我们真正脱贫,因为脱贫不光是物质的,更是精神的。所以,我们要撸起袖子加油干,不为别的,一为自己争气,二为政府争光。

也是在这次脱贫历程中,通过与众多扶贫干部和普通党员的近距离接触,使我更加深了对党的认识。党的十九大刚结束,经过深思熟虑,我郑重地向党组织递交了入党申请书,希望能够成为这个大家庭中的一员。如今,我已经作为入党积极分子接受组织培养。

今天,老王脱胎换骨,犹如重生;今天,老王意气风发,再赴征程;今天,老王要代表所有的贫困户,在这里真诚地道一声:感谢伟大的党!感谢伟大的时代!感谢所有参与扶贫的干部!感谢每一位关心帮助我们的恩人!

最后,我用贴在我家大门上自己写的一副对联结束今天的报告:

和谐普世东风化雨;精准扶贫老树逢春!

谢谢大家!

王万才脱贫日记选

2018年10月18日
星期四
农历九月初十

结束外出模式,回归工作状态。

去省城跑了几天,家里堆了一摊子活,早上不敢贪睡,五点多就赶紧起床,开始捯饬几天前打好的一堆红薯淀粉。

院子里摆满了大号的塑料盆子,我和老伴把一块块淀粉放到桶里加水搅拌,然后倒入盆中稍作沉淀,再赶紧倒入另一个盆中,为的是把里面的泥土等杂物滤出,确保淀粉洁净无尘,这样做出的粉条才能保证在吃的时候口感好、不碜牙。干这活又脏又累,不一会儿工夫,我和老伴的脸上、身上到处都是白乎乎的粉面,衣袖和鞋袜也都被水湿透,不过也没觉得冷,看来,劳动还真是驱寒保暖的最好方法。

我和老伴正左一盆右一盆折腾得起劲,县电视台几位老师扛着摄像机进了院子。由于多次接受采访,老树和这些老师早已厮混熟悉。带队

老王和老伴正在清洗红薯淀粉

王万才脱贫日记选

的李世超主任进院就赶紧和我握手,并打趣道:"这可是昨天才和省委书记握过的手啊!沾光沾光!"老树也跟着调侃:"说的是!从昨天王书记接见到现在,老王我就一直没舍得洗手,和我握手跟和省委书记握手其实是一样的。"我俩的不正经引得满院子都是笑声。朱渊文老师说:"昨天又是和省委书记握手,又是上台演讲,那么风光,今天一下子又变成这样子,你的角色转换还挺快的!"我笑道:"昨天的风光我感觉像在做梦,人可以有梦,但总不能沉浸在梦里不出来,不然这一堆的活谁做?"又是一阵笑声。我说:"先别拍,换件衣裳吧?"朱老师赶紧摆手:"千万别换,来之前没有通知你就是为了拍下真实的镜头,今天这场面正好。这样,你继续干活,别看镜头,一边干一边给我们介绍这淀粉是如何变成粉条的?"我说这太好了!正好利用你的摄像机宣传一下咱王庄的特产。于是我就一边做,一边介绍从红薯到淀粉再到粉条的生产过程,说到高兴处,老树突发奇想,顺嘴说出:"今年的粉条要做得更好些,年底我要给咱省委王书记寄去一些,让他也尝尝咱唐河粉条是啥味道!"大家都说好主意!

  机不可失,在院子里拍完一组镜头后,我要求带他们去粉条加工厂拍摄。作为我村带动村民脱贫致富的产业之一,袁泽燕带领村民创办的"三粉"加工合作社生意兴隆、人气正旺。在粉条生产车间,一群工人都各自忙着自己的工作,负责头道盆和面的大张师傅是最忙的一个人，浑身上下白乎乎的，像是刚从面缸里拱出来一样，二道盆的师傅也姓张，小名叫个"黑儿"，脸上身上也都涨满了白粉，一点也找不到"黑儿"的影子。只见他熟练地操作着抽空机排除面团里的空气。红薯粉条之所以又细腻又筋道，全是这抽空机的功劳。不过这抽空机对操控者的技术要求比较高，能把粉条做得恰到好处绝不是一件容易的事。一口热气腾腾的大锅把整个屋子都弄得云雾缭绕、仙境一般，粉条从漏瓢中飞流直下，到锅里洗个滚水澡，然后一转身从另一侧上岸，再在冷水中漂流降温，之后拉杆、漂洗，最后进入晾房，等晾到一定时间后，再装入冷库进行冷冻，然后再解冻、晒干。一整套流程辛苦而又繁杂，但做好了就是餐桌上的美食，所谓"谁知盘中餐，粒粒皆辛苦"。因为我村的红薯粉条原料地道，做工讲究，信誉较好，很受消费者欢迎，也因此给村民带来不少收益，红薯种植和加工成为我村带动脱贫的支柱产业。

希望我村的产业越做越大，希望我们的生活越来越好！

王万才脱贫日记选

2018年11月22日
星期四
农历十月十五

地里的作物,该收的都收了,该卖的也都卖了,终于可以腾出手开始专心磨豆腐了。

干啥事儿都是头三脚难踢,看似已经准备妥当的事情,等到真正做的时候才发现:水管位置不合理、灶台烟囱不顺畅、盆盆罐罐没刷好、机械调试没完成……

有道是:"只要思想不滑坡,办法总比困难多。"面对这些问题,我和老伴边生产、边整改。几天之内,烟囱扒了三次又垒了三次,终于在我村高人方怀昌师傅指导下改灶成功。其他的几处不足也都在左邻右舍的热情帮助下得以改进和完善。

随着磨浆机轻快的轰鸣,洁白的豆汁从机器的出口汩汩流出。把豆汁倒入锅中,灶膛内的劈柴熊熊燃烧,大铁锅中的豆浆渐渐沸腾。

老王和老伴在磨豆腐

老树使劲用笊篱打碎浮在表面的泡沫，一缕缕升腾的水汽带着一阵阵浓郁的豆香从房梁上溢出，越过房顶，飘入小巷，马上就听到人们的议论声："好香啊！豆腐要出锅了！"

灶内的火继续燃烧，锅中的豆浆缓慢地翻着滚。老树丢下笊篱，端着盆子严阵以待，此时正是关键时刻，稍不留神就会溢锅。终于，锅中的浆汁顶着泡沫一点点上升、再上升……"退火！"老树一声令下，老伴迅即把正在燃烧的劈柴从灶膛中取出。与此同时，老树手中的大铁盆来回翻飞，把潮水一般上涌的热浆一盆盆舀出倒进身后的缸内。此时的大铁锅就像传说中的聚宝盆，舀走一盆，它又涨上来一盆，你舀走得快，它上涨得也快。当然，这只是假象，飞黄腾达的只是泡沫，一旦泡沫舀完了，锅里的豆浆就像被泄了气一般不再张扬。老树也就可以放缓速度，从容地把它们一盆一盆地舀起，然后倒入缸中，盖上盖子，准备点浆。

点浆是豆腐制作过程中最关键的环节，这其中石膏的用量、点浆时豆浆的温度、点浆的手法、翻动豆浆的时长都必须掌握得恰到好处，稍有偏差就会出现次品和减产。凭经验我感觉温度已经差不多了，于是开始点浆。我用搅板在缸中翻动，让豆浆上下旋转，老伴把调好的石膏溶液缓慢向缸里倒入。我一边搅动，一边拿铲刀挑起豆浆观察凝固情况，感到可以了就立即停止转动，然后把缸盖上，进行蹲浆。

王万才脱贫日记选

　　大约 15 分钟后，缸里的豆浆就全部变成了固体。插入盆子一舀，洁白的豆腐脑像一座晶莹剔透、摇摇欲坠的玉山，让你忍不住就想来上一碗饱饱口福。豆腐脑被装入铺着棉布的箱笼，然后包好，盖上木板压上石头进行沥水，一段时间后，豆腐就制成了。

　　自从公元前 196 年，豆腐在西汉淮南王刘安府中问世以来，由于其丰富的营养和绝美的口感，千百年来一直被吃货们所追捧。古人曾美其名曰"小宰羊"，意思就是堪比羊羔美味。

　　豆腐中的营养自不必多说，但豆腐的制作却是一项非常繁杂、非常辛苦的工作。过去有句俗语："世上三行苦，撑船打铁磨豆腐。"做豆腐不但劳动强度大，对技术、环境、水质都有很高的要求，这在一定程度上也限制了豆腐的产量。

　　随着科技的进步，机械化生产豆腐成了趋势。一套小型全自动豆腐生产线每天出品几千斤豆腐显得轻而易举。但效率提高的同时，豆腐的品质和口感也就不可避免地被打了折扣。更有甚者，一些不法生产商无视消费者健康，轻率地使用化工产品作添加剂，让人们对食品安全充满了担忧。

　　经济的发展使我们的生活变得越来越好，对健康的期望也越来越高。人们已不再满足于能吃饱，更要吃好。许多人开始怀念古井、石磨、土柴灶时期的田园生活，希望回归传统，回归自然。这种怀念不仅是健康的需求，更包含着一份浓浓的乡愁。

老树之所以如此费心费力地按传统手法制作豆腐,一是为了创造收入,实现脱贫致富的梦想,二是为了传承经典,让乡亲们重新吃上曾经健康放心的美食。

对于老树自主创业的做法,县、乡、村各级领导和媒体朋友都非常支持并给予实实在在的帮助。政府支持的到户增收项目帮我购买了设备,还对房子进行了装修;新媒体中心的王明全兄弟利用新闻公众号"直播唐河"平台,对老树的传统豆腐也做了宣传推介;县委办乔国涛主任观看了老树制作豆腐的过程,他说:"我要把老王的传统豆腐引进县委食堂,用来招待上级领导和四方客人,向他们介绍,这豆腐不仅有营养,还包含着一部唐河农民的脱贫故事!"

有营养,有故事,文友梅林即兴的一首七律,又让老树的豆腐平添了几分诗情,诗曰:

> 万才门前聚神仙,豆腐人家古井传。
> 若品味真真似玉,岂知物顺顺乎天。
> 君既有缘著衰兴,我凭何能点江山。
> 诗罢应驱愁肠结,小康生活共翩翩。

王万才脱贫日记选

2018 年 11 月 30 日
星期五
农历十月廿三

　　刚接到县总工会陈林部长的电话，说是哪家报刊（没听清楚）约稿，让我写一下自从当了县劳模之后的感受和有啥行动，篇幅不宜太长，1500 到 2000 字之间，今天晚上交卷。哈哈！这不是作文考试吗？老树坐下来仔细想想，还真感触不少，自从我当上了劳模，思想上、行动上确实和以前有了很大变化，并且自信，我在这当上劳模之后的几个月时间里的所作所为，对整个脱贫攻坚工作是有积极作用的。于是欣然动笔，一气呵

老王的荣誉证书

王万才脱贫日记选

成写下了这篇短文,标题就叫《自从我当上了劳模》吧!

自从我当上了劳模

岁月沧桑,世事难料。做梦也没有想到,老王我一个贫困户,居然当上了唐河县首届劳动模范。

自打从县领导手中接过荣誉证书那一刻起,我就认识到这一纸证书的分量有多重,它承载着对过去两年来帮扶工作的认可,对我辛勤劳动、积极脱贫所付出努力的肯定,更是对还没有实现脱贫的贫困人口的激励和鼓舞。

面对这沉甸甸的荣誉,老王我很自然地从内心生出一种责任感,作为一个以脱贫示范户身份上榜的劳模,应该在影响带动贫困户脱贫方面做些什么?虽然我的几篇脱贫日记在贫困户和帮扶干部中间产生过影响,后来还出了书,但我觉得这还远远不够。回首两年来的脱贫历程,我付出的很少,得到的却很多。"滴水之恩当以涌泉相报",我该怎样做才能对得起党和政府对我的帮扶、对得起这"劳模"的称号?

今年夏季,唐河县总工会决定面向贫困群众举办以"志智双扶"为主旨的劳模事迹报告会,接到工会领导的倡议,我首先报名参加。炎炎夏日,酷暑难耐,我们在工会领导的带领下跋山涉水、饮露餐风,在众多的贫困村中间奔走。哪里最艰苦我们就出现在哪里,哪里最偏僻我们就宣讲到哪里。由于我的贫困户身份,和贫困人员更容易交流,我们命运相同、处境相似,

王万才脱贫日记选

心与心之间没有距离，都是曾经在极度贫困中痛苦挣扎过，在悲观绝望中失落彷徨过，在受到帮扶后欣喜感动过，在立志脱贫中振作奋发过，我的故事就是他们的故事。在报告会会场上，讲到我过去的痛苦遭遇，有人陪着我落泪；讲到初获丰收后的欢欣，有人陪着我开心；说到获得帮扶后的感恩，有人为我点头赞许。记得有一次会议结束后，一位贫困户老哥停在路口等我，他拉着我的手，含着眼泪对我说："老表啊，你讲得太好了！你在说你家的事儿，我就想起了我家的事儿，你不知道，我是流着眼泪在听你讲话。咱们都是苦命人，要不是遇上扶贫，我现在是死是活都不好说。"通过交谈才知道，这位老哥三年前唯一的儿子不幸去世，他和老伴痛不欲生，念起还有未成年的孙子需要照顾，才强打精神苟活于人世，是精准扶贫的春风为他们悲凉的晚年送来了丝丝温暖。老哥表示："今天听了你讲的事儿，我总算想明白了，儿子没了咱还得好好地活着，不但活着，还得提起精神干些该干的事，人家政府的人那样卖力地帮咱，咱说啥也不能冷了人家的心，我也要争取早日脱贫才对！"为了帮助一些越扶越懒不愿脱贫的人转变思想，我就给他们讲："虽说我们是贫困户，但贫困户也有尊严。如果我们躺倒不干，人家就会指着我们的脊梁说政府花钱养了一帮懒汉；如果我们躺倒不干，政府即使给再多的钱也不能让我们真正脱贫，因为脱贫不仅是物质的，更是精神的。所以，我们要撸起袖子加油干,不为别的,一为自己争气,二为政府争光!"我的这段话在唐河被一些扶贫干部和贫困群众引为经典,有一位号称"誓不脱贫"的汉子拉着我的手激动地说:"哥呀!你厉害呀!听了你的报告我真是无地自容啊!啥也不说了,回去我就给工作队说,今年我也脱贫!"我把我的这段话一直宣讲到了郑州的省委大院,话音未落就响起了掌声。

县里准备在我村做个"同心超市"试点,尝试用积分换礼品的方式激发贫困户的内生动力和参与公益事业的热情。由于是试点,意味着要摸着石头过河,并且管理者都是无偿参与。负责实施这一方案的是我们城郊乡主管文化宣传的副乡长方利,她问我有没有兴趣参加,我说只要是对帮助大家脱贫有利,有钱没钱我都愿意干。在我们的努力下,"同心超市"迅即在我村投入运行,设施虽然显得有点儿简陋,但效果却是出乎意料的好。人们踊跃参加公益活动,并注重学习文明的生活方式,在做这些事情的同时,收获的不仅有礼品,更有引以自豪的荣誉!

作为脱贫劳模,如果只停留在出一本小书、做几场报告上我认为显然是不够的。习主席号召我们"撸起袖子加油干",我认为我更应该在务实上做出表率。说实话,几十年的贫困日子使我的思维已经固化,没有能力也没有胆量去尝试大的产业项目,早些年学过一门做传统豆腐的手艺,我就重起炉灶和老

王万才脱贫日记选

伴一起开起了豆腐坊,由于严格按照传统工艺制作,产品颇受消费者青睐。虽说传统手艺功效较低挣不了几个钱,却也对一些人产生了影响。有人说:"看看老王,人家可是去过省城见过大领导的人,还能静下心思做这吃苦受累的小生意,咱有啥理由东游西逛坐等国家救济?干吧!不怕慢就怕站(停留的意思)。习主席不是说了,幸福都是奋斗出来的!"

一朝为劳模,终生不停步。这是我的承诺。

努力吧!乡亲们!小康生活正在向我们招手,明天的太阳必然更加灿烂和辉煌!

王万才脱贫日记选

2018 年 12 月 3 日
星期一
农历十月廿六

今天又有贵客临门。新上任的县委书记周天龙来我村检查、督导脱贫攻坚"双貌""双扶"工作时,专门到我家现场查看老树的豆腐生产情况。说是贵客,因为他是一县之尊,是全县 148 万百姓的主心骨,但另一方面,在他升任书记之前,作为县长就已经是咱贫困村里的常客,是咱贫困户的老相识、老朋友了。

周书记依然还是那么随和,他听说老树做的豆腐完全是按照传统工艺生产,很受乡亲们欢迎,感到非常高兴。周书记说:"还没进院门我就闻到了豆腐的香味儿,还真是过去那个味儿。"看到刚压出来的热气腾腾的豆腐,周书记半开玩笑地说:"老王老王!能不能给我切一块尝尝?"我说:"那是老王求之不得的好事儿,正好让领导给我做个广告。"众人大笑。书记亲自拿刀切下一片放到嘴里细细品尝,一边夸奖口感纯正,一边劝其他几位领导:"你们几个也尝尝,这才是真正的农家菜,地道!"几位领导尝过后也都说好。周书记又询问了生产情况,问我:每天做多少?都在哪里销售?累不累?我把今年磨豆腐的开始时间、基本生产流程、销售及收入情况向书记做了汇报。

王万才脱贫日记选

县委书记周天龙光临老树豆腐坊

周书记向随行其他领导们说:"扶持发展脱贫产业不一定非要上多大的项目,像老王这种家庭作坊式的小产业也许更适合一些农户实现创收。大有大的优势,小有小的特点,小型产业投资少、周期短、见效快、收益高,并且机动灵活。咱们各个部门都应该对这些愿意自己创业的农户尽可能地提供帮助。今天你们都尝了老王做的豆腐,味道不错吧?回去都给你们单位食堂负责人商量一下,看看能不能定期采购一些,支持一下老王的工作,大家说行不行?"几位领导大呼:"中!""原来书记请我们品尝豆腐是有目的的。"扶贫办曹主任说,"没说的,谁让咱'吃了人家的嘴软'呢,回去就按书记说的办,不过说真的，老王这豆腐还真不错，我们采购一些，也算定期给单位的同志们改善生活了！"

周书记又吩咐老树："一定要把卫生搞好，把食品安全放在首位，我看你这方面做得还不错，要坚持下去，不管到啥时候都不能为了多赚钱而降低标准，争取把产品质量做到最好，把万才豆腐做成响当当的品牌！"

为了打造"产业兴旺、生态宜居、乡风文明、治理有效、生活富裕"的美丽乡村新格局，唐河县委、县政府在全县积极推进"双貌""双扶"工作。通过"双貌（村容村貌、户容户貌）"提升，进一步改善农村生产生活环境；通过"双扶（扶志与扶智）"开展，进一步激发贫困群众的内生动力。因为措施得力、行动迅速，取得了很好的效果。

但愿我这个小小的豆腐作坊能早日实现"产业兴旺"，从而早日实现"生活富裕"。

相信在周书记的带领下，唐河的明天会更好！

王万才脱贫日记选

2019年1月13日
星期日
农历腊月初八

早上偎在被窝里翻手机,偶然看到一张老钟头四叔提着破水桶浇花的照片,越看越觉得有意思。这张照片是我在夏天给他拍的,那时候,政府不仅帮他盖起了新房,作为帮扶人的乔主任还给他买了一台大彩电和一张新床,村里组织的"七改四有"施工队又给他的屋里屋外做了装修,医疗也有了保障,看病基本上不用花钱了。一系列的帮扶措施激发了老人对美好生活的向往,过去连饭都懒得做的老钟头如今也讲究生活情调了,每天把地板擦得倍儿亮,这不,还有了种花养花的雅兴。虽然不那么专业,但从老人灿烂的笑容里可以读出,他心中的希望之花已然绽放。这张图片再发一次,再弄几句打油诗,诗曰:

花盆有些简陋,小花更是普通。

要和幸福约会,满脸都是笑容。

王万才脱贫日记选

2019年1月20日
星期日
农历腊月十五

一方面有朋友建议,一方面也是心潮澎湃,老树今天借着酒劲,竟然要给省委书记写信。信写好后,酒劲还在,先请县里领导看看,得到了赞美。夜深了,酒也醒了,感觉有点不妥,平白无故给领导写信,不是添乱嘛!算了,不给领导添乱了,自己就读读,就当给王书记拜个年吧!

一纸荒唐言,满篇正能量。休说老树痴,奇文自欣赏。信是这样写的:

王书记您好!

我是唐河县脱贫户王万才。不是我冒认官亲,毕竟一个王字瓣不开,咱五百年前是一家人。

"人生如树花同发,随风而堕,或拂帘幌坠茵席之上,或关篱墙落粪溷之中。"坠茵席者,书记是也!——列土封疆,宏图大展。落粪溷者,草民是也!——抱残守缺,穷庐自叹。

感谢脱贫攻坚成就千古机缘,让我这个贫困户和省委书记您在庙堂牵手、省府并肩,一场心与心的交流在大厅进行。

非常理解和赞成您那天讲的一句话:"河南有一亿人口,脱贫攻坚的任务很重,这项任务在我们手上完成了,就会为全国发展大局做出重要贡献。这是我们义不容辞、必须担当的历

王万才脱贫日记选

河南省委书记王国生亲切接见王万才等脱贫攻坚先进个人

史责任!""天下兴亡匹夫有责",忽然觉得,我和省委书记虽然干的活不一样,但在脱贫攻坚这件事情上负有相同的历史责任,这大概就叫使命感吧?

我曾读过一篇心灵鸡汤,说平庸的人只有一条命,叫性命;优秀的人有两条命,即性命和生命;卓越的人则有三条命:性命、生命和使命。它们分别代表着生命、生活和责任。

回想过去的日子,由于对生活失去信心,自己仅有的一条性命也常常不当回事,总觉得活着就是一种负担,认为人生的归宿就是"一朝春尽红颜老,花落人亡两不知"。是精准扶贫的春风不仅帮我解决了眼前的苟且,更让我看到了诗和远方,鼓起了生活的勇气,认识了生命的意义和价值。从甘于贫困到积极脱贫、从家庭责任到社会担当,思想不断进步,境界节节攀升。"苔花如米小,也学牡丹开!"我可以平凡,但我一样可以追求卓越。可以这样说，脱贫攻坚这几年让我平白捡回来两条命，您说我是不是赚大了？

今后，我要努力活好用好这几条命。善待性命，充实生命，践行使命！

很想给您送点年货，就是我做的粉条和豆腐。欢迎您在方便的时候回咱王庄看看、走走。

此致，
敬礼！

顺祝身体健康！家庭幸福！

唐河县城郊乡王庄村

王万才

2019 年 1 月 20 日

王万才脱贫日记选

2019年2月1日
星期五
农历腊月廿七

省里要在明天举行团拜会，老树又要去郑州了。

脱下磨豆腐时的一身工装，穿上老伴儿昨天给我买的行头，对着镜子一照，从头顶到脚背都发着亮光。老伴儿前后左右一边看一边不停地训斥："腿站直了！袖子没抻好！膀子斜着干啥？拉链别拉太高……"

为了这次郑州之行，老伴儿也是破了血本，一向以买地摊货为荣的老树拗不过老伴儿的执着，硬是咬着牙花掉千余大洋弄这一身新衣服。我嫌有点儿过分，老伴儿不以为然："咱平时少吃点儿少喝点儿都中，出门可不能太寒碜，不能丢了咱唐河的脸面，再说了，不就千把块钱吗，权当这几天没干活，少啰嗦，买！"

想想这几天也真不错，老树的豆腐坊收了一大堆订单，为了让乡亲们在过年的时候都能吃上既营养又安全的放心豆腐，我和老伴起早贪黑、紧赶慢做，足足奋战了一个星期。虽说累到腰酸背疼，却也挣了个钵满盆满。看着一排正在压制的豆腐，算算一天的收入，老树喜不自禁，忙里偷闲，拍几张图，发朋友圈："压力是动力，更是品质；奋斗出幸福，也出豆腐！"哈哈！伙伴们点赞不少！

王万才脱贫日记选

老树以贫困户身份（准确地讲是脱贫户）应邀去郑州参加省委、省政府举行的新春团拜会，体现了省领导对贫困群体的关怀和鼓励。看来老伴儿的话是对的，咱不能给贫困户丢脸，也不能给唐河人丢脸。

这次全省受邀的贫困户一共八人。考虑到身份特点，省领导特意要求县乡政府务必派人陪同，为此，城郊乡扶贫办的王林兄弟受命亲自驾车，一大早就带上老树，从唐河出发，一路北上，直奔省城。

这王林兄弟虽说年轻，做事倒也沉稳、干练，不仅是技术娴熟的车手，更是文明驾驶的典范，在高速公路上行驶，不急不躁、不争道、不抢行，每走一段时间都要驶入服务区作短暂休息。从车德看人品，这兄弟不错！

午后，我们准时抵达河南饭店报到，领了房卡到房间休息。王林兄弟烧了壶开水，我把饭店赠送的两包咖啡每人冲了一杯。窗外是省城和煦的阳光，室内弥漫着温馨和香醇。"咖啡没有心情，有心情的是喝咖啡的人。"端起杯子呷上一口，何等浪漫何其优雅！忽然，一个饱嗝翻出了早上吃的大蒜味，把这份难得的温馨一下子置于尴尬的境地，不觉想起来周立波的"咖啡大蒜论"，老树一脸苦笑，"别是一般滋味在心头"。

其实大可不必纠结，吃大蒜就未必低俗，喝咖啡也不见得高雅，只要干干净净无愧本心，便是人间正道。

王万才脱贫日记选

早上唐河吃大蒜,下午省城喝咖啡,一个老王,两重境界。哈哈!

王万才脱贫日记选

2019年2月2日
星期六
农历腊月廿八

这次到省城参加团拜会,最大的收获不是见到了省领导,也不是观看了多么精彩的文艺节目,而是结识了几位贫困户朋友。

以老树的理解,能够以贫困户身份参加如此高规格的团拜会,必然都是脱贫户中的佼佼者(这话咋听着有自夸的嫌疑)。果不其然,通过一上午的短暂交流,这些来自四面八方的朋友留给我的印象非常深刻,从他们身上发现许多弥足珍贵的精神财富。

这其中,有一位奇女子,足以见证这场脱贫攻坚的巨大成就,同时,在她身上能够看到中原女性所具备的自立自强、坚韧不拔的奋斗精神和乐观从容、悲悯慈爱的人性光辉。

她叫刘秀春,是来自濮阳市台前县黄河岸边的一位农家妇女。和众多的"七〇"后一样,刘秀春有一个无忧无虑、幸福快乐的童年,母亲是农民,父亲是全民所有制工人,这种在20世纪七八十年代的农村被称为"一头沉"的家庭是大家公认的幸福家庭。虽然父亲每月都有稳定的工资收入,经济上比较宽裕,但母亲带着几个弟弟妹妹在家种地还是非常辛苦的。作为

王万才脱贫日记选

刘秀春和她心爱的兔子

长女的刘秀春不忍看着母亲一个人在家劳累,高中没毕业就回家帮母亲干活去了。希望的田野让她收获了丰收的喜悦,也让她尝到了爱情的甜蜜。1991年,她和自己心仪的白马王子赵继金携手步入婚姻的殿堂。春花如此灿烂,世界如此美好,天真无邪的刘秀春幸福地认为,自己绝对是上帝眷顾的宠儿、童话王国的公主。

然而,生活的道路上有鲜花也有荆棘。结婚第二年,就在他们的爱情果实——宝贝儿子出生不到两个月的时候,初为人父的赵继金先是感觉胃不舒服,之后又患上了严重的红斑狼疮,这突如其来的灾难让刘秀春一下子从天堂跌入了地狱。红斑狼疮是一种非常可怕的疾病,医学上称此病为自身免疫性结缔组织病，主要临床表现为血管病变，系统红斑狼疮还可累及心脏、肾脏等身体重要器官感染。据刘秀春描述："当时继金躺在床上，说话有气无力，脸上红一块紫一块，吃饭时嘴角不停地流血，喂一口饭就得给他擦一次，虽说后来病情得到控制，但这种病怕见风怕见光，医生说要完全康复还需要一个漫长的过程，最重要的是不能下地干活了。"

老树试想她当时的情景：卧病在床的丈夫需要护理，襁褓中的婴儿需要哺育，年迈的公婆需要照顾，荒芜的土地需要耕耘……里里外外一摊子活计全都压在了一个毫无心理准备的弱女子身上，搁谁谁受得了啊！从此，她起早贪黑、没日没夜地干活。为了不让父母为她担心，自己再苦再累也要一个人扛，每次回娘家，她总是强打精神对父母说过得很好，这种脸上带着微笑心底却在流血的痛苦不亲身经历是永远体会不到的。播种的季节，她五点钟就起床带着孩子乘船到黄河对岸，把孩子安顿好，她就开始在田里忙，饿了啃几口干馍，渴了掬几捧河水，实在累了就坐在地上看着河水发会儿呆，干到晚上再拖着一身疲惫带孩子渡河回家。为了省钱给丈夫治病，她没给孩子买过玩具和零食，每次带孩子走在街上，为了不让孩子看见别的小朋友买东西而动心，她就哄孩子把眼睛闭上不去看，孩子也很懂事，每当有人问起："小朋友，你怎么不买？"孩子总是怯怯地回答："俺家里有。"后来孩子稍大些，有一天带孩子上街，

王万才脱贫日记选

孩子突然说:"娘,我今天不闭眼睛行吗?我不买东西!"孩子的一句话让这位母亲瞬间泪流满面、心如刀割,她觉得太对不起自己的儿子了。"别人家的孩子都过得那么幸福,可我什么也给不了儿子,儿子出生在 90 年代,我们真的是几乎没花过钱,自己种点菜有麦子磨点面,半年吃一斤油,回头看看我自己都不敢相信我能走过来,儿子跟我吃了那么多的苦还那么听话那么懂事。因为他要两块钱买书,我打了儿子。那是孩子上小学三年级的时候,这辈子就打儿子那一次,我知道不该打孩子,当时儿子哭我也哭,心里的感受是别人不可能体会到的。"刘秀春说,"穷人的孩子早当家,后来儿子慢慢地会跟我下地干活了,他问我哪些是草,哪些是苗。我种地他会给我丢籽,我干活他会给我做饭。2003 年,10 岁的孩子已经像个男子汉,要为妈妈遮风挡雨了,丈夫的身体也终于康复。我们一起去浙江打工,儿子在老家上学。2008 年,又一位天使降临,我生下了二儿子,我相信,经历了十年磨难,老天也该让我们喘口气、歇歇脚、享受一下生活了。"

可是好景不长,2011 年 5 月,日子刚刚好转的刘秀春被查出乳腺癌。"这真是晴天霹雳啊!"刘秀春说,"拿到诊断书我是彻底绝望了,我的家才刚有起色,老天这是把我往绝路上逼啊!我当时横下了心思拒绝治疗,无奈抵不过家人的苦苦劝说,更不忍抛下可怜的孩子,最后还是去医院做了手术,接着开始化疗、放疗，这又是一段炼狱般的生活体验，我忍受着来自身体和精神上的双重折磨，咬紧牙关苦撑苦熬，中间有好几次都快要撑不住了，现在想想，能活下来也真是一个奇迹。"

病虽然治好了，可高筑的债台几乎要压垮她的腰脊。刘秀春拖着虚弱的身子，看着一贫如洗的家，目光呆滞，欲哭无泪。"要想活下去，就得找个挣钱的法子，自己的欠账自己还，自己的家业自己创！"面对困境，刘秀春反而变得更加坚定，她鼓励丈夫，也鼓励自己。

"想干大事，一没资金，二没经验，只能从投资小见效快的传统种植、养殖上想办法。"刘秀春说。2012年年初，她开始养殖獭兔和长毛兔，当初只有60只，由于管理得好，兔子繁殖得很快，到年底已经发展到1000多只，到2014年初，兔子存栏达到3000只。面对这么好的发展势头，她和丈夫又喜又愁，喜的是找对了路子可以大干一场，愁的是兔舍窄狭老旧、发展空间不足。要想让事业再上台阶，必须要有大量的资金投入。可钱从哪来？别忘了自己治病已经背了十几万元的债务，还有每年三次的术后复查、吃抗癌药等，又是一笔不小的开支。困难就像一座大山，再次横亘在刘秀春面前！

为了挣钱还债，丈夫打工去了山东。性格要强的刘秀春不是一个坐等吃穿的小女人，她下决心要把自己的事业进行下去。凭借自己在村里良好的信誉和不错的人缘，她找了两个合伙人，

王万才脱贫日记选

和村里的两个女人合伙建兔场。为了节省开支,这三个女人同心协力,啥活都自己干,筛沙抹灰、砌墙苫瓦、接水装电……没几天工夫,一个简易兔场在这三个女人的努力下像模像样地建成了。刘秀春脸上露出了笑容,这回终于可以展开拳脚,大干一场了!

可命运再次给她开了一个大大的玩笑,在安装兔场线路时,刘秀春不慎从竹梯上滑落,造成腰椎粉碎性骨折,骨科专家已下结论,下半辈子就只能坐轮椅了,如果造成感染,高位截瘫的可能性也存在。此时的刘秀春已经没有了眼泪,她躺在病房里,目光忧郁地看着天花板,回想自己这些年的遭遇,感叹造化弄人:"或许来此世间就是一场误会,那就了断尘缘、随风而去吧!"可她心中总有一丝不甘,自己的事业才刚刚起步、许多的理想还没有实现、家人的亲情难以割舍、世间的美好值得留恋。正当她的思绪在迷乱中徘徊不定的时候,丈夫的温存体贴和无微不至的关怀让她感动。她躺在病床上,看着继金忙里忙外、吃苦耐劳的身影,心想我一定要尽快站起来,好好对待这个男人,给他做好吃的美食,陪他看天下的风景。出院50天,她就让老公扶她下床练习走路,他说不行,她坚持要练,他第一次扶着她在地上站了几秒钟,接着是第二次、第三次……就这样两个月后,她可以在他的搀扶下走几步了!后来去医院复查,医生被惊得瞪大了双眼,大呼:"奇迹!真是奇迹!"

"山重水复疑无路，柳暗花明又一村。"2014年，扶贫工作队进驻后赵村，时运不济命途多舛的刘秀春夫妇终于熬到了头，她家被确定为贫困户。在村两委和驻村工作队的支持下，他们租用5亩多村头荒地，扩建了养兔场，之后驻村第一书记赵建强又帮助他们协调贴息贷款13万元进一步扩大养殖规模，2015年存栏已达10000余只。成兔除了销往菏泽、济宁等周边地区外，还远销福建、河北等省份，当年创收7万元。到2016年年底，不仅解决了每年3次术后复查、吃抗癌药等3万余元花费，还还清了过去看病欠下的债务。

"感谢脱贫攻坚帮我成就了事业、找回了尊严！"刘秀春说，"过去看病欠账多，怕见人，现在，经过政府的帮扶和我们的努力，我家不仅挣到钱脱了贫，也赢得了大家的尊重，我们已经成立了'佳丽'养兔专业合作社，吸收本村的贫困户加盟，采取入股分红、承包兔舍、养殖场+散户等方式，带领众乡亲同走脱贫致富路。"

为了带领大家在脱贫致富奔小康的路上走得更远，2018年刘秀春参加了台前县新型职业农民培训，走进河南大学学习种植、养殖和管理技能。同年又被村民高票推选为村委委员。如今，信心满满的刘秀春计划引进兔肉加工和包装生产线，让"佳丽"牌兔肉走向全国、走向世界。身为村干部和市人大代表的她还有一个愿望，想通过努力让村里的老人过得好一点，

王万才脱贫日记选

她说:"农村人不是不孝顺,而是因为他们没有稳定的收入,看着老人过日子艰难,说心里话我很心疼,所以我要尽最大努力让他们的晚年生活过得幸福而有尊严!"

刘秀春,一个饱经忧患、心里却依然有光的女人;一个眼睛里写满故事、脸上却不见风霜的女人;一个勇于担当、充满社会情怀的女人;一个遭遇太多不幸,然而又非常幸运的女人!

王万才脱贫日记选

2019年2月13日
星期三
农历正月初九

"又要比武打擂了!"

在"王庄村乡土人才交流群",有人开始发布消息。

"别提了!年里头去唐河体育中心看河南电视台的《武林风》擂台赛,看了半场我就赶紧跑了出来,太暴力,小心脏受不了!"

"不是《武林风》,是咱县的支部书记大比武,地点在唐州大剧院,今天下午是总决赛,已经比过几场了,一场比一场更精彩,能坚持到最后的都是英雄好汉,知道吗?咱王庄村也杀进决赛了,赶紧鼓掌吧!"

"哇!真的呀?新霞这妮子还挺厉害!"

听到这消息,在城里刚办完事准备回家的老树临时决定,改道唐州大剧院看热闹去。

老树驾驶着心爱的三轮"宝马",沿着平坦宽阔的滨河大道一路南行。稀疏的细雨伴着几片轻盈的雪花在车前飞舞,路边一串串大红灯笼依然闪耀着新年的喜庆,河边仍有不少衣着光鲜的游客,料峭春寒挡不住人们沿河看景的美好心情!

紧赶慢赶,终于在两点半钟赶到了会场。比武已经开始,虽然没有刀光剑影和拳脚往来,却也能从攻擂者极富挑战的言

王万才脱贫日记选

王庄村支部书记李新霞在攻擂现场

辞中闻到很强的火药味。说起自己的成就,个个如数家珍,脸上写满自信;看着擂主的位子,人人摩拳擦掌,必欲取而代之。郭滩镇李庄村老支书李怀玉是连续两届的冠军擂主,虽说凭借自己晒出的一大堆成绩单对夺取三连冠信心满满,但从表情可以看出,心里一点也不轻松,毕竟树大招风,众人纷纷向他提出挑战,老李一下子成了"众矢之的"。看着一个个来势凶猛的强劲对手,知道不敢轻敌,稍有不慎就会被别人抢占先机。用我们村李新霞书记的话说就是:"你若慢半步,我就超过你!"

李新霞是我村去年新当选的支部书记,在上任不到一年的时间里,凭着一身胆气和热情,乘借脱贫攻坚的春风,敢想敢干,主动作为,在努力做大做强我村传统红薯产业的同时,又引进兴办了服装加工车间等多个产业带动项目,使全村79个贫困户顺利实现持续稳定增收。对于有一定劳动能力的贫困人员实现了就业全覆盖,做到了家家有项目、人人有活干,不但彻底甩掉了贫困村的破帽子,还兴建了全县第一个"同心超市"和唯一一座"好人馆",在"志智双扶"方面探索出一条别具特色的成功之路,积累下许多宝贵的经验。这些经验迅速在全县推广并得到省市领导的肯定。如今的王庄村,村容整洁,路灯明亮,饮水安全得到提升,医疗、教育有保障。村民的获得感、幸福感大幅度上升,村民整体素质明显提高,文明新风已逐渐形成。正是因为有了这些令人羡慕的成绩单,新霞书记才能在众多对手中突出重围进入今天的决赛;也因为有了全村父老乡亲的大力支持做底气,我们的李书记才能在走上擂台的时候,脚步稳健、仪态从容,充满了胜利者的自信和自豪!

看着这些生龙活虎、雄心勃勃的一群猛将,观众席上最开心的应该是县乡领导。"一脉通则全盘活。"县委书记、县长周天龙对支书比武体会深刻,"大比武找准了乡村振兴的切入点,提振了干事创业的精气神,提升了基层党组织的组织力,以党建工作的高质量推动了唐河发展的高质量。如今的唐河大地,创先争优、比学赶超蔚然成风,人心思进、加快发展成为新常态!"

支部书记干劲足了,领导们高兴,咱老百姓更高兴。年年

王万才脱贫日记选

大比武,年年有进步,大比武提升了支部书记的干劲,最终受益的是咱平民百姓。

"今年的比武结果出来了,我村的新霞书记凭借雄厚的实力和出色的表现,一路过关斩将,终于从几百名支部书记中脱颖而出,取得全县并列第六的骄人成绩。为新霞点赞!为王庄喝彩!"老树掩饰不住内心的高兴,第一时间把胜利的捷报向村里群友分享。

只说是来看个热闹,没想到啊没想到。

王万才脱贫日记选

2019年2月28日
星期四
农历正月廿四

受河南省文化和旅游厅邀请,老树第三次赴郑,到艺术中心大剧院参加河南省脱贫攻坚专题文艺演出。

有了去年二进省城的经历,这次来郑州胆大多了。找不到北咱不怕,我可以打开手机看导航,更重要的是省城里的人还都是那么和善可亲,没有想象中的那种对乡下人的歧视。再说,我还有那么多在省城工作的朋友可以依赖。于是乎,老树有恃无恐,坐上大巴,一路北漂,三进省城!

车到郑州南站,郑州文化馆的刘源姑娘已经早早地在路边等我。这姑娘真是尽职尽责,生怕老树有啥闪失,一直用手机跟我联系,接到我很高兴,立即打电话向领导汇报战果,然后亲自开车把我送到剧院。

这次演出是由省委宣传部、省扶贫开发办公室、省文化和旅游厅主办,河南歌舞演艺集团、河南省文化馆承办的,名曰《携手同奔小康路——河南省脱贫攻坚专题文艺演出》。本次演出突出政治性、时代性和地域性,精选全省脱贫攻坚题材的优秀节目,富有生活气息,通过歌曲、舞蹈、戏曲、小品、曲艺说唱、诗歌朗诵、合唱、视频展示、现场访谈等形式,给人以视听的享受与心灵的震撼。进一步表达全省各级各有关部门深入贯彻

王万才脱贫日记选

党中央、国务院脱贫攻坚决策部署,坚决打赢打好全省脱贫攻坚战,决胜全面小康社会建设的豪迈心声。

  老树前来参加的就是其中的现场访谈部分。整场演出一共访谈四人,分别代表四个群体,一个是驻村第一书记,一个是爱心企业老板,一个是回乡创业青年,一个是我这个贫困户。为了保证演出成功,刚吃过午饭,我们就开始进行紧张的练习,因为离正式上场只有几个小时时间,精敲细打已经来不及了,只好"临阵磨枪,不利也光"吧!导演给我们拟了一个访谈提纲,让我们按照提问回答就行,只要不跑题,该怎么说由我们自己做主,反正都是自己经历的事儿,怎么想就怎么说,不过有时间限制,尽可能精练、不拖沓。我就按着题目一遍遍地掐着时间练习回答,可悲的是一遍一个版本,竟没有一次能够顺顺当当地完整表达,老树有点儿失望。

  演出开始了,节目一个比一个精彩,但遗憾的是我只能站在后台从一条缝里瞄上几眼,不但看不清,还怕挡了演员进出的通道而来回挪地儿,竟没有一个节目可以看个完整,这对于一个戏迷来说真是莫大的损失。后来干脆不看了,回到休息室继续背台词去。

  丑媳妇终究得见公婆,身为导演的刘源亲自跑回来喊我上场,我把还没有理顺的稿子一扔,牙一咬,心一横,豁出去了。老树以破釜沉舟、勇往直前的大无畏英雄气概,在观众的掌声中两腿哆嗦着走向舞台。年轻又漂亮的丁瑜老师是一位深受观众喜爱的知名电视主持人，我之前看过她主持的《临刑会见》，对她的主持风格印象深刻。我以慷慨赴死之勇气站在她面前，心里想大不了让她再来一次《临刑会见》吧！但出乎意料的是，在我和这位美女主持几句简短的相互招呼之后，我高度紧张的心情一下子就得到了缓解，看来美女不仅养眼，也能养心。主持人非常善于引导话题、把控气氛。她提问的时候，两只大眼睛非常坚定地看着你，能给你自信，给你灵感，给你力量。结果就是，老树在这几分钟的访谈中发挥还算正常，不仅没有倒下，还能从容应对，甚至随心所欲地偶尔插科打诨，现场时不时爆出掌声和笑声。出版社的刘春龙老师发朋友圈赞扬说老树完全不怯场，可以谈笑风生了，许多网友也在朋友圈转发演出实况并积极为老树点赞。殊不知老树在上场时两腿还在发抖呢！

晚会最后，我们所有参加演出的人员齐聚舞台，激昂慷慨地宣读誓言："不忘初心，牢记使命；锁定目标，众志成城；排除万难，尽锐出战；一鼓作气，决战决胜！"然后，全体起立，共同唱响《歌唱祖国》的豪迈乐章，音符和旋律在夜空环绕，光荣与梦想在心中荡漾。

现在，老树把关于我的访谈内容整理一下，大概是这样的：

主持人：王大哥好！王大哥，如果我没有猜错的话，您手

王万才脱贫日记选

老王在晚会上接受现场采访

里拿的就是您写的脱贫日记吧?

老王:对,这是专门给你的,我还签了名呢!

主持人:谢谢王大哥给我带来这么珍贵的礼物,我一定好好拜读,可是我现在就有点迫不及待了,很想知道里面都写了啥,我就先问您,您是怎么想起要写脱贫日记的呢?

老王:正如我在作者后记中提到的,在这次脱贫攻坚中,作为七千万贫困人口中的一员,老王我不是旁观者,而是实实在在的参与者和受益者。在接受帮扶的过程中,有许许多多的感悟,我想把这些感悟记录下来与大家分享,结果一不小心就出了本书。

主持人:您的这本书稿也是送给脱贫攻坚路上所有人的一

份珍贵礼物。我听说您的网名前前后后变了三次，真是"三易其名"啊！从过去的"老树西风"到"老树逢春"，又到如今的"老树繁花"，这中间有什么故事吗？

老王：是的，最早我的网名叫"老树西风"，那时候特别悲观，觉得生活没盼头。后来改成"老树逢春"，因为扶贫政策来了，老树的春天到了。现在叫"老树繁花"——正当我这棵老树在西风中瑟瑟发抖的时候，遇上了精准扶贫的十里春风，使我这棵病树重又焕发了生机，你看，都开花了！

主持人：而且已经是繁花满树啊！我听说乡亲们都叫您王秀才，看来您是真的喜欢写东西，我就问您，您的写作梦和致富梦，有没有矛盾？

老王：这个不仅没有矛盾，而且还相互促进、相互发展。写作让我的生活变得充实而快乐，致富的意义就更不用说了，有句话叫"地球人都知道"。过去村里人叫我"秀才"，我知道是在讽刺我的穷酸，作为农民，不好好挣钱，整天弄些个酸文假醋，让人瞧不起。如今不一样了，我是"穷气易脱，酸味难舍"，我拿起笔讴歌脱贫攻坚的伟大时代，鼓舞贫困乡亲的奋斗热情，让我这一身的"穷酸"变成"有机酸"，你看，今天我又从唐河一路"酸"到郑州来了。

主持人：王大哥说得好，"穷气易脱，酸味难舍"，我再给您添一句"甜上心头"。我看这已经是第二版了，您的日记

王万才脱贫日记选

受到这么多关注和喜爱,您可成了脱贫致富的名人了,一定很高兴吧?

老王:说是名人可不敢当,充其量也就算个"明星"吧!说笑了。在我喝醉了酒躺在林中看蚂蚁上树的时候,我的帮扶人郭大侠就是郭有霞书记用微信给我分享了一首歌曲,有句歌词触动了我的心弦:"生活不止眼前的苟且,还有诗和远方的田野……"是的,党和政府的帮扶不仅使我解决了眼前的苟且,更让我看到了诗和远方,于是,我鼓足干劲、积极脱贫。在脱贫过程中,不仅感受到了政策的温暖,更让我品尝到了奋斗的乐趣,于是,我要说,赶上了脱贫攻坚的大时代,我和我的乡亲们都是非常幸运的!

主持人:王大哥您写得好,说得也好,听了您的话我们每个人都充满了信心,祝愿你们全家越来越富裕、越来越幸福!也期待您在家乡这片美丽的土地上能够汲取更多的灵感,写出更好的作品来!

老王:谢谢!谢谢大家!

王万才脱贫日记选

2019 年 3 月 5 日
星期二
农历正月廿九

唐河县戏曲艺术中心创作的大型扶贫现代戏《春风化雨》,在全省组织的戏曲巡演中,受到了广大农民和扶贫干部的普遍好评。剧中的女驻村第一书记宋春雨的形象早已深入人心,在观众心目中,宋书记这个名字,无疑就是天使的化身、帮扶干部的代名词。

几天前到郑州参加脱贫攻坚文艺演出,非常幸运地认识了一位真正的好书记。她叫宋瑞,是国家审计局河南调查总队派驻信阳市息县弯柳树村的第一书记。对于这位宋书记,老树早

老王和宋瑞(中)书记合影

王万才脱贫日记选

有耳闻,去年在和我们乡领导探讨"志智双扶"话题时,我曾建议领导把扶贫的方向从资金帮扶向思想教育倾斜。因为我发现贫困户包括其他村民真正缺乏的不是物质而是精神,这精神还不仅仅是摆脱贫困的决心和干劲,而是缺少一种好的生活态度和生活习惯。因此,要在农村建立乡风指导员制度,利用课堂讲座、舞台宣传等方式,从内心深处对村民进行思想和行为的规范教育。我的建议一提出,我们乡负责文化宣传工作的方利乡长笑了,她说:"老王的想法太好了,但是你现在想到的,有人在几年前就已经在做,并且做得很成功,这个人就是息县弯柳树村的女驻村第一书记宋瑞。"我当时大吃一惊,从此记下了这个名字,对这位素不相识的宋书记油然而生敬意!

2月28日下午,在河南省艺术中心大剧院演员休息室,老树如愿以偿见到了仰慕已久的宋书记。宋书记端庄俊雅为人谦和,很难想象一个看起来弱不禁风的正处级女干部能够放下身段,在偏远落后的弯柳树村一住就是六年。对于宋书记六年驻村的经历,我和在座的几位都非常有兴趣,在大家的要求下,宋书记轻言细语打开话题:"刚接到驻村任务时,县里是安排我白天在村里工作,晚上回县城住,我说既然是驻村书记,就要和群众同吃同住,这样我才能了解村里人都在想啥,都在干啥,我的工作才好开展。县领导拗不过我,只好同意我住村,但特意安排人在我租住的民房周围安装了几个监控摄像头。我当初还不理解,以为他们小题大做,后来有人给我说了实话,原来这一带民风剽悍,几年前这里曾发生过两起村民杀人案件,领导对我的安全很不放心,我听了也确实有点儿后怕,还好现在这一切都过去了!"

我问宋书记:"您和弯柳树村的事儿我听我们乡领导说过,也在网上看到过,我就想问一下,上级派你去当第一书记,按正常理解是让你去帮助村民脱贫的,你只要想办法帮他们挣到钱就行,咋会想起来开设讲堂,给村民上起了国学课?你这样干,领导会支持?"

宋书记笑了,然后不慌不忙地说:"开始我也是这样想的,刚驻村时,我经过多方筹措,争取到了40万元的科技扶贫资金,想用这笔钱鼓励村民发展一些脱贫项目,可是村民根本不买账,他们说给钱可以,但让俺种这养那受麻烦,这钱俺宁可不要。甚至还有人说要我把钱给他去赌场,要是运气好的话,一夜就脱贫了。当时真是叫我哭笑不得,你说村民这素质,这贫该咋扶?"

宋书记接着给我们讲:"当时村里风气特别不好,到处是垃圾也没有人扫,男人女人都打牌。还有一种风气特别恶劣,就是儿媳妇打骂公婆的很多。我问过一个媳妇为啥要打老人,她理直气壮地对我说:'她儿子赌输了钱,回来就找茬打我,我打不过他,但我能打过他妈,我才不吃他这亏。'她是没吃亏,但你说老人亏不亏?"我调侃一句:"按理说也不亏,谁叫她没把儿子教育好。"

宋书记和大家都笑了,然后继续刚才的话题:"其实大家都清楚一个道理,精神贫困比物质贫困更可怕。我当时就有了一个想法,要想让村民摆脱贫困过好日子,必须先从扶心入手,因为心是身体的主宰,一个人如果志向远大、内心纯净,便力量无穷。我决定探索一条扶贫新路子,利用中华优秀传统文化,培育村民核心价值观。我的想法得到了各级领导的支持和爱心企业的赞助,我在村里盖了房子开设讲堂,邀请省内外老师到村里给村民讲孝道,讲立志,讲党的好政策,讲仁义礼智信,讲温良恭俭让,讲核心价值观怎样变成百姓好活法,慢慢再讲弯柳树村的发展规划。村民们像听故事一样,越听越有趣。针对村里实际,我请来一位国学大师重点给村民讲孝道,让村民明白'百行孝当先'的道理,选取历代因为行孝从而使家族兴旺的案例进行劝化。一堂课下来,听课的村民都说讲得好,有个过去对老人不好的媳妇听得放声大哭,她说:'怪不得俺过去的日子过得不顺心,是俺把事情弄颠倒了,俺以前光想着自己要过好,从来都不关心老人,今天知道错了。'过去村里人比着不赡养老人,甚至打骂老人,现在完全变了,老人成了宝贝,儿女们争着养活,一个比一个做得好!"

由于时间关系,我和宋书记没能进行更多的交流,因为我们还要分别同主持人对接,到舞台试走,还要准备现场提问……但仅从间断的接触中,宋书记的形象就深深地印在了老树的记忆中:首先,她有一个共产党人的使命与担当,有"致君尧舜上,再使风俗淳"的社会情怀,有学贯中西的渊博知识,有扶危济困的柔肠侠骨,有典雅高贵的淑女之气,有温润如玉的君子之风……尽管在更多的时候,她更像是一个村姑。

我还知道,今天的弯柳树村,在宋书记和大家的共同努力下,面貌已发生了根本性变化,不但整村实现脱贫,还先后被评为"中华孝心示范村"、"弘扬中华孝道示范基地"、信阳市美丽乡村、信阳市文明村和生态村,为此,宋书记荣获"2018年全国脱贫攻坚贡献奖"。弯柳树村的经验已被社会各界认可并作为文化产业向外输出,帮助其他乡村打造风清气正的文化生态。这项产业不仅能造福社会,也为弯柳树村的集体经济注入了活力。

老树写打油诗赞曰:

> 弯柳树村景色新,风清气正人精神。
> 国学发力传佳话,孝道弘扬听瑞音。
> 治乱治穷先治愚,扶贫扶志必扶心。
> 此中道理非玄妙,可与乡亲细探寻。

王万才脱贫日记选

2019年3月10日
星期日
农历二月初四

春天是充满希望的季节,可今天,老树却被一件事搞得情绪低落、唉声叹气!

陕西网友冯新明写了篇小说《小鸟布克》,说自家院里的老槐树上飞来一只小鸟,被作者视为好友并赐名"布克"。这只候鸟因为身有残疾,错过了迁徙的季节,每日盘桓院中憩息觅食。

尽管身处困境,但布克并不颓废,时不时梳理羽毛,有时候还不忘带几根柔软的鸡毛回去筑巢。

作者推想,这只爱美而又勤劳的布克的窝一定很温暖、很舒适吧?

隆冬一步步逼近,黑夜漫无边际。作者发现,可怜的布克最近很少出现了。

它死了,没能等到春天。

对于布克的死,作者并不意外,只是第一次看见它的眼睛居然是那么安详。

等待春天的小鸟

布克死了,世界依旧保持它的模样。"抬起头看树身上,那个黑洞洞像眼睛一样的树洞,几只活蹦乱跳的小鸟叽叽喳喳、出出进进,像买到了新房子一样乐不可支。"

这篇近乎残酷的小说虽是写鸟,但老树知道,作者是有感而发,写的其实是他的同胞弟弟。在我和作者认识之前,已经和他的弟弟在一个微信群里一起玩了好几年了。他弟弟叫冯新刚,字一梵,1980年生,毕业于西安美术学院国画系,中学美术教师,很多作品参加过国家和省市级画展并获奖。冯老师多才多艺,不但书画功夫好,歌唱得也不错,他的歌声让我们度过了无数个欢乐的夜晚。但不幸的是,一个叫作肌肉萎缩的疾病多年来一直折磨着这位充满艺术气息的年轻人,也因此影响到他的婚恋,一表人才的冯老师至今仍孤身一人。更惨的是,他的身体状况已经不能让他正常上班。他不甘心,请假去西安、上海、北京四处求医。但现实是,医学并没有我们想象的那么发达,几年的奔波,换来的是债台高筑和身心俱疲,并且因此而丢了工作、断了薪水。以后的路还能走多远?这篇小说似乎已下了结论。

老树还有一个外地朋友,从结婚到现在近30年,夫妻二人一直和病魔纠缠在一起,她本人患过癌症,虽奋力抗争,也受到政府不少帮助,依然难以摆脱困苦的阴影。在聊天时,她说一天到晚只觉得累,我劝她把能放下的尽量放下,少干活多休息，她苦笑着回答："话是那样说，欠了那么多的债，我想赶紧把它还完，我只怕自己死了还不上债，给孩子们增加负担，孩子从小跟我受罪，我不想再连累孩子。"老树听了这话，不觉潸然泪落。是啊！作为外人，往往是站着说话不腰疼，有些痛苦不亲身经历你根本体会不到。扶贫工作大规模开展已经三年有余，大部分贫困家庭已成功脱贫。然而，正如上层所说，越到最后，越会遇到难啃的骨头，因为都是因病因残而导致的深度贫困，所以，一般性的帮扶措施很难奏效。从这一点来看，要想全部完成脱贫目标，我们还有一段艰难的路要走。

相比这两位朋友的遭遇，我身边这些乡亲就幸运得多。为了掌握比较准确的信息，老树专门找到去年两次到郑州住院治病的王从善，询问医疗报销情况。王从善因患严重肝硬化在郑州住过一段医院，病情稳定后回来，在麦收时拖拉机翻车砸断六根肋骨，被送到唐河县人民医院抢救治疗，出院后不久，又去郑州住院治肝病，一年数次折腾。我问他一共花了多少钱，他说在县医院花了一万多块钱，报销百分之九十几，自己差不多等于没花钱。省医院报销比例低些，花八万多块钱报了五万块钱，但咱县里说还能给咱再报销一次，我把单据递上去了，不知道能报销多少。说实在话，报销多少咱都感激，这些政策搁过去连想都不敢想。你说像我遇见这倒霉事儿，要不是政府帮助，咱根本就治不起，这一会儿早就入土为安了，哪还能站着跟老弟说话？

王从善说完这些,又兴高采烈地给我介绍他今年的打算:"去年养猪赔钱了,年里头那批猪价格太低,这一阵还行,价钱又抬头了。但我看养猪这活儿有点悬,不敢发展太多。我买了几百棵桃树苗,都是市场上销路好的新品种,我把鱼塘周围的这些地都给它栽上桃树,又能挣钱,又有风景,以后引逗着让城里人到我这里来钓鱼、赏花儿、摘桃吃,你看美不美？"

我问他:"和你一起去郑州住院的王炳文也花钱不少吧？"王从善说:"他比我要花得多,但报销得也多,俺俩的病不一样,他自己出的钱其实比我还少。我跟他在一起谈论过,说幸亏有这些好政策,要不然咱俩早就完蛋了！"王从善满不在乎地说笑着,好像已经忘了自己是一个病人。

"风乍起,吹皱一池春水。"在王从善这一池春水的鱼塘周围,上上下下随着地势栽满了嫩绿的桃树苗。再过一段时间,桃花绽放,碧水荡漾,这里的春天更美丽。

但愿在这个春天里,人们多一些欢乐,少一些疾病;多一些团圆,少一些别离。

王万才脱贫日记选

后记

唐河县城郊乡王庄村　王万才

习近平总书记在中央扶贫开发工作会议上"确保到2020年所有贫困地区和贫困人口一道迈入全面小康社会"的庄严承诺,向全党全国人民吹响了脱贫攻坚的冲锋号。

从此,一场声势浩大影响深远的扶贫大业迅即在神州大地拉开序幕。

作为7000万贫困人口中的一员,老树不是旁观者,而是实实在在的参与者和受益者。由于种种原因,老树在改革发展、勤劳致富的道路上落伍了。自卑、颓废成了一个阶段生命的主色彩,无数次的挣扎、失望之后的自我安慰,最终使"安贫"思想在心里生根发芽,一度成为主导生活的基调,思想上不思进取,生活上随遇而安。

精准扶贫的春风让所有在贫困线上挣扎的人们看到了希望,也让在西风中萧瑟的老树焕发了生机。老树看到,从中央政府到基层组织,从最高领导人到普通扶贫工作队员,心中最为牵挂的总是困难群众。每一分帮助和付出都彰显着执政为民的爱心和责任,每一分成效和改变都诠释着脱贫攻坚的意义和功绩。老树听到,身边的贫困人群笑声多了,叹息少了,赞美多了,牢骚少了,感恩多了,抱怨少了,以往的吵闹声随风远去了,人与人的交谈更亲切更和谐了……

于是老树想到,该怎样把这些所见所闻记下来,让这些宝贵的经历与大家分享，使更多的人了解和认识到此次脱贫攻坚的伟大意义。面对脱贫攻坚这样一场如春潮般浩浩荡荡的伟大史诗，即使有如椽巨笔也难以描其大概，更何况老树一介村夫，空负大志，有心无力。

就这样一个不自量力的想法却得到了县委、县政府领导的高度重视，县委办的郑立森科长极力鼓励老树成全此事，乡文化中心的方利老师也为老树呐喊助威。对于老树来说，放下锄头写文章就好比赶鸭子上架一样荒唐可笑，无奈骑虎难下盛情难却。再者毕竟自己有这个心愿，于是横下心来，以无知者无畏的勇气凑齐了这几篇文字。

老树以日记的形式记录了自己由颓废绝望到振作奋发的心路历程，力图从一个侧面反映一个时代的变化，若能使读者"窥一斑而知全豹"，同享欢乐，老树的目的就达到了。

由于水平有限，写出的东西自然难称其美。若这些文字影响了大家的食欲，老树只好说声："对不起啦！"

最后告诉大家一个消息，老树遵从方利老师建议，曾将"老树西风"改名为"老树逢春"，如今，随着政府的帮扶和自己的努力，老树全家已光荣脱贫，返老还童的老树意犹未尽，又把网名改成"老树繁花"。老树还是那棵老树，只是不愿继续在西风中萧瑟，而是要在春天里成长。